U0871663

澄怀观道

——中国名山风景的审美价值与保护

许晓青 著

同济大学出版社
TONGJI UNIVERSITY PRESS

内 容 简 介

本书立足于国土空间规划的大背景，对我国保护地中的风景资源价值认知及保护管理提出建议。书中一方面通过对审美理论，特别是中国传统的山水文论、画论的梳理，提炼出中国传统山水审美机制特点；另一方面，基于这些特点，立足传统、放眼世界，在借鉴经验的基础上，建立面向国土空间规划的审美价值及保护管理的理论框架与具体操作方法，形成面向规划实践的操作指南。

本书可作为风景园林学、哲学美学、自然资源管理与游憩及公园管理等专业的参考书，也可供热爱传统山水以及对其审美感兴趣的读者阅读。

图书在版编目(CIP)数据

澄怀观道：中国名山风景的审美价值与保护 / 许晓青著. —上海：同济大学出版社，2019.12

ISBN 978-7-5608-8959-7

Ⅰ. ①澄… Ⅱ. ①许… Ⅲ. ①景观资源—国土规划—研究—中国②审美文化—研究—中国 Ⅳ. ①F129.9 ②B83-092

中国版本图书馆 CIP 数据核字(2020)第 010113 号

澄怀观道——中国名山风景的审美价值与保护

许晓青 **著**

责任编辑 姚烨铭 **责任校对** 徐春莲 **封面设计** 李 锐

出版发行 同济大学出版社 www.tongjipress.com.cn
(地址：上海市四平路 1239 号 邮编：200092 电话：021-65985622)
经 销 全国各地新华书店
排 版 南京文脉图文设计制作有限公司
印 刷 常熟市大宏印刷有限公司
开 本 710 mm×960 mm 1/16
印 张 11.25
字 数 225 000
版 次 2019 年 12 月第 1 版 2019 年 12 月第 1 次印刷
书 号 ISBN 978-7-5608-8959-7

定 价 66.00 元

序

我认识许博士非常偶然。2018 年底，清华大学的杨锐老师委托我整理风景园林学科史——山水名胜之“名山”部分，同时还推荐了同济大学的许博士做帮手。我也不客气，麻烦远在上海的她进行文献检索、难题破解一个多月，直到顺利交稿，也未曾谋面，也未曾问过她的名字。因为一件事而与人擦肩而过的经历太多了。

一年后，2019 年 10 月，我们在深圳的“第一届中国自然保护地国际论坛”上碰面了。她看上去像个大学生，但我转念一想，她给我的学术支持肯定是博士生水平，待我读完她即将出版的《澄怀观道——中国名山风景的审美价值及保护》，才意识到她是位大学老师——一位阐述中国山水文化的青年学者。她研究风景美学，也必将为她的研究所塑造——如风景一般美好的思维。

许晓青老师作为一名青年学者，勇于涉及中国的历史名山，敢于担起风景审美评估的重担，并力图站在东西方的视角，穿古越今，广征博引，总揽风景和美学的时空交织、心灵与情景的内外互动，令我由衷地钦佩。她请我为其新作作序，也给了我一个在纷乱环境中静心体会风景美学的机会。

通常大众以为美就是好，是漂亮，但是要进入专业的审美领域，还涉及评估方法、价值、机制、功用、意义，对于一般读者而言，又太生涩、抽象，甚至是枯燥了。对于风景审美的造诣未达到博士水平的，或者热爱这一领域的非本专业人士，或者风景专业知识并不系统，但是个人经验感受十分丰富的读者而言，序言就是我对许晓青老师专著的导读。希望将我的研读体会，传达给全社会更多的专业读者。

什么是风景？名山由何而来？如何审美？美的本源何在？审美价值应如何评估？历史上的名山风景区都是具象的山岳，然而对其审美又是很抽象的精神思维活动。风景审美一直是古今中外的一个大题、难题，似乎只有高端小众的文人墨客才能涉足其间，审美价值总是因人、因时、因地而异，令研究者们困惑不已。

许晓青老师从人类发展史定位，把中国的名山体系分成 4 个阶段：原始崇拜和神仙思想阶段、政治需求与疆域划分阶段、佛道兴盛与山水审美阶段和近现代的科学解释审美阶段；她从文明演进史定位，也把中国传统山水美学发展大致分为4个阶段：先秦到汉的萌芽阶段、魏晋南北朝崇尚山水阶段、隋唐宋全盛阶段和明清的审美延续和守成阶段；她从个体发展史定位，又把对名山风景区的审美认识分为4个阶段：物象阶段、始境阶段、又境阶段和终境阶段。由于审美认识4个阶段的内由、外因、人事、功用、特征、指标、联系、逻辑的诸多不同，彼此相关而又不完全对应，既可以独立分析，也可以系统联系，为后来者的研究奠定了系统基础。

面对同一名山风景区，由于审美主体的立场、角度、关系、素质、功利等不同，审美结果差异巨大；而将时间、空间、人物等诸多要素进行交叉换位思考后，古今中外对于风景审美的价值评估，更是千差万别。在许晓青的研究分析中，面对同一类型风景的不同人群，或同一类型人群的不同认识阶段，或者同一类人群面对不同类型的名山风景，她尽量兼顾到不同的审美主体，力求把握客观、动态、相互关照的思维评价方式。犹如一个人面对不同的菜肴，或一个人在不同年纪时面对同一菜肴，或者不同的人群面对同一菜肴，她力图让所有人都能品尝到自己喜欢的菜，而菜肴又能够获得全面、客观、公正的评价。

古人趋名山，借道场，提己提气；避名利，远世俗，悠游隐居。许晓青老师力图外师圣哲，中得心源：从古至今，不同视角；换位先贤，多重体验。她力求透过纷繁现象的外在，探寻隐藏在现象背后的内因。她认识到中国的山水审美中，形、神、意的三个重要层次，对名山风景的评价，一是形象，二是其所蕴含的精神气质。因为：认形易，识象难，得意最高端。她意识到中国人的山水审美不仅仅在于观照自然，更在于对体验者自身提人提气，以审美而启智，因人杰而地灵。

许晓青引述清代画家石涛之言："山川使予代山川而言也，山川脱胎于予也，予脱胎于山川也。山川与予神遇而迹化也。"从这段话中我们几乎难以分别山川与画家的界限。正如马克思所说，这是自然界进化到了自我意识阶段！仅从这一点也能感觉到，古今中西在认识的顶层，殊途同归。

许晓青的研究对象是中国的名山风景区，但她的手段则是东方与西方认识论、方法论兼顾，古代和现代审美彼此校验。名山风景区概念的重心在中国古代，从现代中国人的角度看古代的风景审美，有着几百年到几千年的时间差；从西方研究的视角看，有着上万公里的空间差。

这天然形成主客体分离的研究背景。东方强调：白马非马，名山非山，看山不是山；西方突出：科学逻辑，唯物认知，看山就是山。东方的融入式体悟，西方的客观独立式研究，两者交织错位，好比用现代科学思想描述古代"精气神"内涵，其中的整体把握最难。

一名博士凝神于一个领域，一部专著聚焦在风景审美，必然使本书信息量十分充足。作者试图站在古今中外的结合点上，广泛涉及美学、文学、诗词、绘画、哲学、科学、个人体悟等诸多方面，从而对风景审美价值的研究更加立体、多元、实用。

中国悠久的山水文化异于世界各国通常的城市文化，实乃是中国文化特色，是中华民族对人类的特殊贡献。周维权先生指出：中国的山水文化是物质形态文化、社会形态文化和意识形态文化综合而成的山岳文化，它无异于一个完整的文化系统——汉文化大系统中的一个子系统。只有破译、承传、发扬中国传统的山水文化，摆脱“隔空观道”“离时观道”，让风景体验者更加身心澄澈，才能更深刻地“澄怀观道”。

风景审美往往仁者见仁，智者见智。如果此书能在专业之外，从哲学艺术和风景科学的视角，激发出读者更广阔的个人体验、关注与感悟，从中启发智慧，从而走进中国山水文化之门，就是无量功德了。

2019 年 12 月 2 日

北京

前言

作为一个历史悠久,文化底蕴丰厚、人口众多、旅游需求旺盛且经济日益腾飞的国度,中国正面临着自然与文化遗产保护和经济发展的矛盾。中国文化自古讲求天人合一,自然与人文高度融合,在世界文明发展史上可谓是独树一帜,而审美观正是这天人合一的具体体现。我国的山水审美传统,古老而现代,历久弥新。她诞生于我国唐代郊野游赏之风。自那时起,自然就进入了人们的审美视野,也伴随着我国现代社会的发展而不断前行。游山乐水,既是我国传承千年的游赏形态,也是我国现代社会中城市人群逃离城市疾病与压力,寻求身心释然的理想模式。总而言之,山水审美是我国传统审美的核心与灵魂,是我国文化传承千年的瑰宝,也是我国贡献给世界的最好的精神财富。

2012 年,中国共产党第十八次全国代表大会首次将“生态文明建设”纳入了中国特色社会主义事业“五位一体”的总体布局。十八届三中全会提出了“建立国家公园体制”,并在全国各地开展了国家公园的试点建设工作,逐步推进主体功能区制度的健全。这一系列的举措都彰显着我国建设生态文明社会的决心。名山风景区不仅具有卓越的审美价值,更具有不可替代的生态价值,是实现生态文明的重要载体。审美价值是名山的灵魂所在。自 20 世纪 50 年代起,我国保护地事业继承了山水审美的传统且不断创新,在借鉴了各国经验的基础上形成了具有中国特色的保护制度。改革开放后,我国保护地事业不断地向国外学习,在保护管理机构建设、保护管理方法、保护区划以及科研监测等方面汲取了大量的成功经验,并已经在我国风景名胜区、自然保护区、国家地质公园等保护地的实际保护管理工作中取得了重要的成就。他山之石,虽可以攻玉,但难免产生水土不服的问题。著者在所参与的多个国家级保护地规划实践中,逐渐认识到了直接套用西方理论和方法的弊端,特别是在对我国名山风景区进行审美价值认知、评价和保护方面难以直接运用西方理论和方法。因此,本书将基于中国传统的山水审美,借鉴西方理论与方法,重新构建适合于我国保护地体系的审美价值评价框架与方法。

本书共包含五章。前三章为背景综述、山水审美特征分析和审美框架构建，阐释了西方风景审美与我国传统山水审美的差异和我国传统山水审美的特征，重点分析了山水审美的共时性和历时性特征。第四章开始，理论结合实践，分别以泰山、九寨沟、黄山风景名胜区为例，探讨基于中国传统山水审美认识框架的审美评价指标、程序等。第五章结合规划编制的实际案例——黄山风景名胜区，检验了审美认识框架和相关保护方法的可行性。本书基于大量的实践案例调研和一手文献查阅，在成书过程中著者实际参与了三项国家级风景名胜区（同时也是自然保护地、国家地质公园、世界遗产地）的规划编制工作。在规划编制工作中，不仅切身感受了我国壮美河山的魅力，也查阅了大量的典籍和一手资料，并走访和调查了当地居民社会，从不同的视角和途径获得了对审美丰富而鲜活的认知。审美既源于生活又高于生活，这正是本书的特点，既在理论层面进行建构，又立足于实践指导规划编制、保护管理工作展开和大众审美生活品质的提升。

本书可以作为风景园林学、哲学美学、自然资源管理与游憩及公园管理等专业的参考书，也是同济大学景观学系的核心课程“风景资源学”的参考教材之一。本书意在激发风景园林师、美学家、各类保护地管理者，特别是公众对于我国传统山水审美的兴趣与热爱。希望通过此书，为各位读者的山水游历带去一种视角。

本书具有较强的理论性和应用性。针对当代中国风景遗产保护管理中存在的问题，以审美价值识别为切入点，从历史传统与国际比较两个层面寻求风景审美价值保护管理途径与规划策略，对我国风景遗产保护事业具有重要的指导意义，对风景园林学科发展具有重要的理论价值，对中国风景理论走向世界具有积极的推动作用。本书是对我国现行行业规范中审美价值评价实际操作方法、指标和流程的补充与修正，能够为以国家公园为主体的自然保护地体系规划提供借鉴，为不同行业的从业者提供可操作的技术参考，并且可以为管理者提供切实可行的参照。

本书撰写历时 7 年，得到了诸多同行的支持，在此一并表示感谢。本书的主要部分是本人在清华大学攻读博士学位期间，在导师杨锐教授的指导下完成的。杨锐教授的远见卓识为本书指明了方向，他的悉心指导成为本书逐渐打磨的坚实动力。此外还感谢李金路老师、庄优波老师、赵智聪老师等各位老师及同行在本书写作过程中提出的若干宝贵意见。本书还受到了多个基金和科研课题的支持，包括：自然科学基金“基于突出价值识别的风景名胜区保护与监测研究”(51478234)、“基于多重价值识别的风景名胜区社区规划研究”(51278266)、“国家公园声景可接受影响阈值研究“(51808394)。社科基金重大项目“中国国家公园建设与发展的理论与实践研究”(14ZDB142)、2015中国国家博士后管理办公室派出计划以及住房和城乡建设部与联合国教科文组织驻华代表处联合委托课题——“中国世界自然遗产地保护管理规划规范预研究”的支持。此外本书在写作和修改过程中,还得到了美国伊利诺伊理工大学罗·亨德森教授的指导,美国宾夕法尼亚州立大学彼德·纽曼教授的建议。本书得以出版还要感谢同济大学建筑与城市规划学院与景观学系的大力支持。最后,要最诚挚地感谢我家人的支持,感谢他们在本书编写与校订过程中给予我的莫大鼓励与帮助。

许晓青

上海

2020年3月12日

目 录

第一章
概论

第一节　释名山

"名山"在古汉语中，一是指比较高大的山，如《十三经注疏·礼记注疏》中记载："因名山升中于天，名，犹大也。升，上也。中，犹成也。"二是带有宗教色彩的山。三是与大川(大泽)成对出现。所谓名山风景区，是兼有名山性质的风景区，或者具有风景格局的名山(周维权，1996)。名山风景区在品质上有一定的特殊性，表现在：

(1) 它是经历史筛选、淘汰而约定俗成的风景区，为社会所公认而传承下来的佼佼者。

(2) 它是僧人、文人们作为先驱者共同开发的风景区，保留了较好的宗教传统与宗教物质空间。

(3) 它不仅能满足人们的生活和生产需求，并且能使人们的精神和欣赏水平得以提升。

(4) 它具有丰富的文化内涵，从物质空间上看表现为寺庙、洞窟、造像、石刻、经幢等物质载体；从社会活动上看表现为宗教节日、社会团体等人群活动和社会组织形态；从精神要素上看表现为诗、书、画、游记、散文等独树一帜的山水文学。本书依照《风景名胜区分类标准》(CJJ/T 121—2008)(以下简称《标准》)的相关分类，认为名山风景区属于现代山岳型风景区这一类。山岳型的风景区是我国风景区的一个重要类属。

名山的确立并非一蹴而就，历经了漫长的历史，受到了宗教、山水观念、社会文化和经济水平以及认知程度多方面的影响。综合历史和时代背景，我国历史上的山水观念，大致将名山的确定分为四个阶段，每个阶段所对应的主导思想与代表名山如表 1-1 所示。

表 1-1 中国名山体系发展与演变

名山体系的阶段	主导思想	代表性名山体系
原始崇拜和神仙思想阶段	原始崇拜 神仙思想	甲骨文“二山、五山、十山” 东海仙山 昆仑山
疆土划分与政治需求阶段	封禅祭祀 划分疆土	《禹贡》①所记载的山岳 《山海经》②5 个区域山岳分布的情况 周初的四岳 秦始皇:十二名山 汉武帝:五岳五镇及其余祭祀名山
佛道兴盛与山水审美阶段	寄情山水 寻归圣境	四大佛教名山、十大洞天、七十二福地、三山等
近现代	科学论证 坚持传统	从科学、历史和美学评价后,整体价值较高的山岳

第一阶段:原始崇拜和神仙思想阶段。在此阶段,山岳在人们的心目中还保持着浓厚的神秘色彩,面对自然现象人们还不具备解释的能力。此时人们对山岳是无条件的崇拜,依据神仙传说和实际经验体验将山岳进行定位。一方面,一些当时在人们心中有名的山岳被记录在案,在殷墟出土的甲骨文字上已经出现了“二山、五山、十山”的称谓。另一方面,神仙方士们鼓吹神仙一般居住在高山之中,在这样的思想观念下,形成“东海仙山”和“昆仑山”这样的神山体系。

第二阶段:政治需求与疆土划分阶段。由于生产、经济、文化的发展,疆土扩张的需求使得新一轮的名山确定成为必然。周朝成书的《禹贡》确立了全国范围内与治水有关的山川分布系统,其中提到的山岳名称一直沿用至今的有 19 座;《山海经》中记载了全国 5 个区域的山岳分布情况。疆土的划分往往与帝王的政治意图有密切联系,山岳作为国家的边界来确定统治的范围,也作为帝王彰显功德的载体成为祭祀封禅活动的地点。在统治需求影响下,原有的名山格局不断地被调整。周初的“四岳”其实就是当时划定版图的四座名山。秦始皇统一六国,开启了封禅之风,他即位后的第三年(公元前 257 年)便以皇帝的身份封禅泰山,并在全国范围内对名山作出了调整,确立了“十二名山”(周维权,1996)。汉

① 战国时期,大规模的农业生产需要促成了水利、交通、商贸的发展,导致国家版图的扩大,因而对疆土的划分提出了新的要求。一些具有疆域划分性质的地理著作应运而生,如《禹贡》(周维权,1996)。

② 《山海经》中 5 个区域源于《五藏山经》。所谓“五藏”就是五篇,分别按照不同的方位记载当时国土范围内的五个地区的山岳分布状况(周维权,1996)。

武帝也是一个热衷封禅的皇帝，他独尊儒术，迷行仙道，两种活动都与名山有密切的关系。于是他根据五行之说，在四岳的基础上重新定义了五岳五镇和其余名山，建立了新的名山体系。

第三阶段：佛道兴盛与山水审美阶段。佛教的传入及汉化，以及文人名流自然意识的觉醒，在思想上表现出儒、道、释兼容多元的形态，改变了传统名山的格局。特别是禅宗的产生及其被文人名流所接受，使得民间形成了一种意识形态，文人们要寻求清幽的修行圣地，这使得名山的开发更为广泛。文人名流寄情山水，融情于景，山水文学和山水绘画出现了前所未有的繁盛发展局面。其中具有代表性山水著作是谢灵运的《山居赋》和柳宗元①的山水评论。在这种背景下，形成了以风景欣赏著称的三山——雁荡山、庐山、黄山，四大佛教名山和道教名山，以及其余各种以风景游赏为胜的名山，这套大体系的建立主要始于唐宋期间。

第四阶段：随着近现代自然科学的传入，对名山的理解进入了一个全新的阶段。人们逐渐运用科学勘察的方式解释山岳地质地貌、生物多样性、气候变化等特征。一些传统的人与山岳的相互作用关系正逐渐消失，如封禅祭祀等，只有少数具有传统信仰的地区依然保持着对山岳的原始崇拜，如梅里雪山。而近代科学的发展也使得原有的名山体系有所变化，一些以自然科学价值著称的山岳也被归为名山体系，如长白山等。而传统的以山水审美和宗教文化著称的山岳，随着历史的发展依然闪烁着魅力，成为当代山水审美的载体并继续发展着当代山水审美的价值。李金路认为我国山岳发端于昆仑神话体系，名山的形成对应了不同文明形成的时间和空间。

由此可见，我国名山的发展与中华文明的发展呈现出时空耦合关系。从名山确立的价值观看，经历了从原始崇拜到帝王封禅，再到山水审美发展，再到近现代自然科学影响的阶段。从名山体系确立的历史进程看，经历了从关注政治价值、文化价值到关注欣赏价值再到关注欣赏价值、历史价值与科学价值并重的进程。

① 东晋谢灵运的《山居赋》中可以看出风水与审美的结合。柳宗元在诸多风景美学专论中，对山水美学价值的特征进行了总结，提出了“旷如”“奥如”理论。他在《钴鉧潭西小丘记》中写道：“清冷之状与目谋，瀯瀯之声与耳谋，悠然而虚者与神谋，渊然而静者与心谋。”点出了审美欣赏中的目、耳、神、心四个层次的作用，基于不同景象来培养审美者的情操。

第二节　我国的山水审美

一、山水审美的历程

上文简述了名山体系的确立过程，而山水审美的发展同样也可分为几个阶段。国内学者普遍认为，中国传统山水美学发展历程大致分为四个阶段。第一阶段，殷、周、秦、汉萌芽阶段。产生了儒家的“比德”和道家的“天人合一”。第二阶段，魏晋南北朝崇尚山水阶段。文人们寄情山水、经营山居，山水审美观念日渐成熟。第三阶段，隋唐宋全盛阶段。文人名流经营山居，山水审美逐渐成为普遍的旅游活动而惠及大众。山水文学、诗画得到长足发展。第四阶段，明清对传统审美的延续与守成(宗白华，2006；周维权，1996；谢凝高，1993；陈良运 2003)。

第一阶段，殷、周、秦、汉萌芽阶段。由于人们对自然规律的掌握以及对人类自身与自然的关系了解甚少，对诸多自然现象无法解释，因此出现了原始崇拜，其中山岳、河湖是诸多原始崇拜对象中的典型代表。在原始的空间观念和封建礼制的作用下，中华大地上出现了五岳、四渎、五服、四海等象征方位和山岳崇拜的地理单元划分，且形成了帝王借山水之神来加强统治的封禅祭祀等活动。名山大川区别于普通生活、生产利用的自然环境，作为象征和崇拜的对象被保护起来不得开发利用。此时还并未出现真正意义上的审美，神秘和崇拜占据了人们的主要认知。但在民间，依然存在着一些被视为审美开端的创作，如《诗经》中所描绘的诗句。周代后期，山岳崇拜最为盛行，但此时山林川泽已经进入了人们的审美视野。周初期兴起了祭祀封禅的典礼，有了“四岳”的说法。老子对于自然的阐释与理解、孔子的比德思想，都试图建立一种人与自然的关系。将自然的某些外在的形态、属性与人的内在品质联系起来，孔子的“知者乐水，仁者乐山，知者动，仁者静，知者乐，仁者寿”就是最好的例证。汉代五行的说法又在中国版图上重新定义了“五岳”。汉武帝是最热衷于封禅制度的皇帝。他巡游天下，在山水胜景中建设离宫别苑，也刺激了文人们对于山水自然美的体察，表现在汉代的大赋中(周维权，1996)。

第二阶段，魏晋南北朝崇尚山水审美阶段。魏晋南北朝时期，山水审美逐渐盛行，自然风景成为独立的审美对象进入了大众视野。游览自然风景成为新的风尚。不同的人群常遨游于山水之间，产生了著名的竹林七贤。名山的开发进入了空前的热潮。寄情山水、融情于景是当时畅游山水之人普遍的游赏模式。风景审美的模式逐渐从“比德”转化成了“畅神”。魏晋南北朝时期，是山水美学欣赏的大发展时期，南北朝时期的文人寄情山水，崇尚隐逸。山水诗画、园林营造、玄学等相继兴起，人们亲近自然、体悟自然，而不再像以往一样去崇拜或“比德”自然。其中的代表是宗炳的“畅神说”①。

第三阶段，隋唐宋全盛阶段。中唐至北宋这段时期儒道释三大思潮都处于剧烈的变化中。儒学转化为理学。山水开发的数量和质量都远高于前朝(周维权，1996)。唐代汉传佛教得到长足的发展，禅宗作为一种意识形态，对宋代的理学思想和文学艺术都有很大的影响。文人名士经营山居，著书立作。宋明理学的发展，致使一些科学家、地理学家对山水成因进行了探索。一些文人试图用科学的眼光来解释山水的成因，如沈括在《梦溪笔谈》中记载了雁荡山类似于“流水侵蚀”的地貌，柳宗元从宏观的角度揭示了山水构景规律及如何激发人们的宏观感受，形成“旷奥”说。徐霞客考察了岩溶地貌，他数次登上黄山，确定了莲花峰而非天都峰是黄山的最高峰。在他们风景审美实践的影响下，古人对风景认知出现了探析风景背后成因的新趋势。在山水诗画方面，确立了“意境”在欣赏中的地位。山水游记也得到了长足的发展。许多游记不仅是描述风景的文字，同时也涉及资源评价、人工环境建设和保护方面的问题，对后世规划设计具有借鉴意义(周维权，1996)。

第四阶段，明清对传统审美的延续与守成阶段。明清时期是山水美学发展的守成阶段。其中明朝山水画派“吴派”盛极一时，吴门四大家沈周、文徵明、唐寅、仇英继承了宋元以来的画风，吸众家之所长。

总结起来，中国山水审美分为四个阶段，受到了儒道释三方面的影响。儒家面对自然景物，强调客体之“象”服从于主体的需求，山水之美被人的主观感思化，如山之“仁”，水之“智”，形成了一种伦理道德的美。道家则强调物我应该合一，融情于景，完全消除主体和自然的隔阂，以虚静的心态面对自然山水。佛教的传入对儒道都产生了深刻的影响，同时又被本土文化影响，生成了区别于印度佛教的审美追求和观念。佛教在魏晋时期与玄学融合，深刻地影响了一大批文人雅士，奠定了中国山水审美的基础(陈良运，2003)。

二、山水审美的层次

审美层次依托于人们的认知心理。从认知心理的角度讲人们对事物有不同

① 宗炳在《画山水序》中强调了“神思”和“畅神”，认为畅神是沟通“绝代”和“万趣”的机制。“圣贤暎于绝代，万趣融其神思。余复何为哉，畅神而已。神之所畅，孰有先焉。”

的认知层次。我国古代典籍中对于山水审美层次早有论述，王昌龄的“诗三境”，皎然的“取境”，宗炳的“畅神”。我国美学典籍中对于审美主体及主客关系多有论述，常见于画论、诗论及相关的美学哲学理论著作中。以中国山水文论、画论为纲，梳理其中关于审美主体及山水欣赏模式的主要理论及阐释并评述，如表1-2所示。

表1-2　山水文论画论中关于审美主体及欣赏模式的理论

时代	代表人物	主要理论及思想概括	评　述
先秦	老子	“涤除玄鉴”，要求主体保持内心虚静，不要带有任何成见地去进行审美。“致虚极，守静笃。万物并作，吾以观复。”①意思是要观照宇宙万物的本源需保持虚静的状态	老子的“涤除玄鉴”是关于主体的论述，老子的观点，成为审美论述的一个源头，影响了后世许多哲学家和美学家
	孔子	孔子的“比德”思想②强调审美客体是对主体道德观念和价值判断的一种符合。道德美始终是孔子在审美观念中重点强调的内容	孔子的“比德”思想是关于审美主体性的阐释。认为山水只是体现了对主体道德要求的满足。“比德”所强调的审美，虽然同自然物的某些特征有关，但决定审美结果是审美的主体将自然物的特征与人的道德品质联系起来。更加强调是审美主体道德、思想、联想、想象的内容
	易传	“观物取象”是易传的审美核心，“观”侧重于认识，“取”倾向于再造。其中对于观物应该采取的方式为俯仰远近③；“象”不仅审美形象，也是对世界万物普遍规律的认识和抽象	主客体作用，接近于现当代环境美学中所说的认知模式。是当时审美认知的一种模式，但所产生的结果“象”不一定全都为审美形象
	庄子	庄子美学思想的核心内容是自由。“心斋”“坐忘”这两个论述又是其中的核心，“心斋”“坐忘”的境界就是消融自我的境界。如果不能摆脱实用功利的考虑，就不能得到审美愉悦	“心斋”“坐忘”是一种偏主体的认识，强调主体从自己的内心要排除利害观念，利害观念是与人内心联系在一起的。理论的实质类似于康德的无利害性关系的审美。“心斋”“坐忘”可以看作是一种主体的审美心胸论

① 《老子》第十六章，“观复”的意思就是观照万物的本源、本原。

② 子曰：“智者乐水，仁者乐山，知者动，仁者静；知者乐，仁者寿。”（孔子，《论语·雍也篇》）

③ “仰则观象于天，俯则观法于地，观鸟兽之文与地之宜，近取诸身，远取诸物。”（《易传·系辞传》）

（续表）

时代	代表人物	主要理论及思想概括	评　述
魏晋南北朝	宗炳	宗炳在《画山水序》中提出了“澄怀味象”。“澄怀”是对主体的要求，与老子的“涤除”和庄子的“心斋”“坐忘”有一脉相承的关系，要求主体要怀着虚静的心观赏风景才有可能味象。“味象”是主体在“澄怀”的基础上对客体的体味。“味”的概念继承了老子的美学，不是简单地指味道，而是指某种精神享受、精神愉悦。“味象”的最终目的是为了“观道”。“应目会心”是欣赏的规律，即是产生“味”的“规律”。 宗炳在《画山水序》中对“味”进行了较为详细的规定——“应目会心为理”。认为：对自然山水画的欣赏都应该首先是客观的自然界要在“目”上有所映射，进而在“心”上才有所体会	自然本身的生机成为审美对象，从曾经的人物品藻、比德、实用的功能中脱离出来。在欣赏自然美时候，道德的观念已经不再那么重要了。这是对主体的解放，是去除主体、客体二元分立的实例，也是种全新的审美观照的方式，受到了老庄的影响。“澄怀味象”可以视为概括主客体关系的一个命题。宗炳的“澄怀味象”理论较之于之前美学理论，更加地重视主客体的互动关系，有现代环境美学欣赏中“对象模式”的某些特征。而宗炳所指的“象”较之于其余哲学家更为具体，主要泛指山水的审美形象，在《画山水序》中他提出“山水以形媚道”
唐代	张璪	“外师造化，中得心源”：一方面师造化，在自然中取法；另一方面又要向内心寻求审美意象	张璪的理论也强调了主客体的相互作用。在这个过程中，创造性的思想起到了主要的作用，体现在“中得心源”，经由心性的加工，自然形态的物象才能转化为审美意象。对于审美来讲，外师造化可能产生象，而中得心源可能产生意
	张彦远	“妙悟自然”是指通过直觉和瞬间觉解的方式来体悟自然。重点把握审美的心理特点，强调的是在审美中要排除和超越欲念、成见和逻辑思考。审美主体与客体完全融合	张彦远的理论也阐释了主客体作用，强调直觉，排除和超越欲念、成见和逻辑思考，从顿悟中获得山水审美，接近于今天环境美学中的“唤醒模式”
	王昌龄	意境说，意境的创造是主体情意与客体的契合	王昌龄的理论被视为“意境”生成说，是关于主客体作用的理论

（续表）

时代	代表人物	主要理论及思想概括	评　述
宋代	郭熙	在《林泉高致》中解释了山水的“可居、可游、可观、可赏”，规定了山水的“饱游饫看”、山的远近看、动静看，探讨了山水因四时不同产生的变化①。其中“饱游饫看”既作为审美的方式，又指审美的广度和深度	《林泉高致》是中国古代对于风景欣赏阐释得最为全面的著作。非常客观地指出了自然界存在变化，不仅存在时间上的变化，如春夏秋冬，早晚阴晴。也存在空间上的变化，如远近、前后、高低，步步移、面面看。“饱游饫看”对山水审美的广度和深度作出了限定，是对审美鉴赏理论的重要发展。这种审美方式类似于现代环境美学中的“沉浸式”体验。“林泉之心”是一种审美的心胸，没有这个心胸就不可能实现审美的观照。“林泉之性”也是一种审美心胸论，是一种释然、惬意、淳朴的审美心境
	沈括	以大观小	以大观小是一种审美观照的方式，如人观假山，强调的是对山的整体印象
明代	王履	《华山图序》中的“吾师心、心师目，目师造化”是鲜明的唯物主义的审美识别方式	王履的理论是审美主客体关系的理论，具有强烈的唯物主义色彩，强调心要依赖于审美经验，审美经验依赖于外界的事物。类似于现代环境美学的“环境模式”

① “远望近看”是郭熙提出的第一种观察山水的态度。“远望取其势，近看取其质”，通过远近结合的方式来获得山水的气、质，观察山水必须做到远近结合。远看目的是为了从整体上把握山水的气质，形成整体印象、整体效果。近看观质，是指对山水的岩性、肌理、植被等作仔细的观察。而事实上，绘画中很多山体不同的皴法就对应了不同的岩性。此外，郭熙还总结了“游观法”，即“山形步步移，山形面面看”。山形步步移，是从山的近处逐渐后退所观察的效果。山形面面看，是前后左右周视的观察方法，可以获得数十百千的形状。郭熙的《林泉高致》提出的“高、深、平”三远拓展了空间艺术审美视野，为山水鉴赏和创作总结出了普遍的规律。“三远法”是对人们游赏风景时观景角度的系统总结，高远是仰视看山，深远是平视看山，平远是俯视看山。三远透视法基本概括了人们看山的经典角度，也具有很强的民族特色，给予艺术家广阔的经营天地，画家可以根据需要，对三远所观景象进行组合，景象组合方式形成了中国古代绘画许多经典的构图理论，也在横轴和立轴的卷轴绘画中表现尤为突出。散点透视的方法随后成了中国绘画创作的常用手法，画家注重经营胸中山水，对眼前的实体进行加工，使观画人能“神游其中”。此外，郭熙还对四季景观的变化、主体观赏山水时心境的变化进行了阐释，使画中山水景物成为有“运动形式”的“活物”“活体”（陈良运，2003）。“真山水之烟岚，四时不同。春山澹冶而如笑，夏山苍翠而欲滴。秋山明净而如妆，冬山惨淡而如睡。”

（续表）

时代	代表人物	主要理论及思想概括	评　述
近代	梁启超	梁启超讨论了审美趣味问题，认为审美趣味是人的审美本能，认为审美教育是“趣味教育”或“情感教育”，美育在人类社会生活中扮演着极为重要的作用（叶朗，1985）	梁启超的“审美趣味论”是倾向于审美主体的理论。对审美主体提出了要求，认为应该对主体的趣味和情感引导。探讨了艺术与科学的关系，认为“观察自然”也是艺术欣赏的重要环节，对于观察自然提出了要本着科学的态度。
	王国维	王国维的美学思想受到了叔本华美学的影响。他运用西方的概念对“情”与“景”作了明确的解释。“有我之境”和“无我之境”也是王国维根据叔本华的美学发展而来，叔本华认为当审美主体产生“优美感”的时候，审美主体就自失于对象中了	王国维的境界说是主客二分的审美学说。把“景”规定为“以描写自然及人生之事实为主”（王国维，2014），景的性质是较为客观的、知识的。“情”是人对此种事实的精神和态度（王国维，2014），性质是主观的、感情的

三、山水审美的模式

如果按照当前审美的模式来阐释我国古代的审美，我国古代美学史对于审美的论述大致可以分为主体模式与审美模式两大方面。其中，对于审美主体论述的理论有老子的“涤除玄鉴”，孔子的“比德”，庄子“心斋”“坐忘”，宗炳的澄怀味象中的“澄怀”，梁启超的审美“趣味说”，王国维的“有我之境”与“无我之境”。对于审美模式，即审美主客体作用进行论述的理论有：《易传》的“观物取象”、宗炳的“澄怀味象”，张璪的“外师造化、中得心源”，张彦远的“妙悟自然”。王昌龄的“意境”说，王履的“吾师心、心师目、目师造化”，郭熙的“饱游饫看”。将不同审美理论对照环境美学的模式大致可以归纳如表 1-3 所示。

经上述梳理，我国古代的审美理论中，对于审美主体和审美模式阐释的理论颇丰。如借用 20 世纪环境美学对审美模式的概括，可认为中国古代山水审美早已产生了众多模式，大致包含对象模式、环境模式、唤醒模式、沉浸模式这四种模式。其中，沉浸模式接近于中国山水审美的“游观”，而这种审美模式在宋代被发展到极致，并成为我国山水审美长期遵循的原则。对象模式和唤醒模式在中国古代占有较为重要的地位，主要原因是古人在观山水时注重意象，并强调主体要“融情于景”。

表 1-3　中国古代审美理论与美学欣赏模式

山水审美欣赏模式	环境美学欣赏模式
易经：观物取象	环境模式、神秘模式
宗炳：澄怀味象	对象模式
张璪：外师造化、中得心源	环境模式
张彦远：妙悟自然	唤醒模式
郭熙、韩拙：饱游饫看、游观性、前后三远理论	沉浸模式
王履：吾师心、心师目，目师造化	对象模式、唤醒模式

此外，我国古代对审美主体也提出了诸多要求，主体的品藻是进行山水审美欣赏的前提。这些理论一方面强调了主体需要具有良好的价值观和价值标准才能进行山水审美，并通过“比德”的欣赏方式，将自然山水的美与人格品行的高尚融为一体。宗炳的“澄怀说”、梁启超的“趣味说”、王国维的“有我之境”与“无我之境”，都强调了主体要通过自我修炼和教化获得良好的品藻，这是进行山水审美并超脱自我，得到意境升华的前提。另一方面强调要破除主客二分去“融情于景”，老子的“涤除玄鉴”、庄子的“心斋”“坐忘”都强调忘却主客体的界限，完全融入自然。忘却自我的存在，才能获得山水审美之道。

从宋代开始，我国的山水审美具有了一定的科学性。宋代的博物学家沈括是一个足迹遍及南北的旅行家，他记载了雁荡山的奇峰怪石形状，并且推测了形成的科学原因，他的说法与现代地理学家竺可桢所说的侵蚀作用非常接近。此外，他还对气候垂直地带性进行了阐释，这些都详载于《梦溪笔谈》中。明代旅行家徐霞客的游记被认为具有风景科学色彩。他的研究建立在对祖国山水遍游的基础上，具有一定的客观性，他一生考察了全国多个地区，在他的游记中不仅有对山水美景的描述与称颂，也有对山水的客观成因的考察，并且能从较为系统的角度进行论述和阐释。他通过多次登临黄山山顶，论断了莲花峰而非天都峰为黄山最高峰；他对桂林七星岩洞的地貌、进深、走向、数量、规模等进行了较为详细的记录（谢凝高，1997），被视为古代的科学观测与记录。徐霞客在游记中还注意山水审美主客体关系，他写道：“山之有景，即山之峦洞所标也，以人遇之而景成，以情传之而景别”，阐释了从自然客体到视觉成像再到融情于景的过程。

由此可以看出，我国古代研究山水审美客体主要偏重于揭示现象，而系统科学地阐释自然山水地理地质、植物生态方面的科学研究相对较少。而随着西方自然科学的发展，相关科学理论研究被运用到风景资源评价中，我国山水审美对于审美客体的研究，特别是定量的研究远远滞后于西方，这也许是西方风景资源评估形成体系后，我国迫切引进继而加以运用的原因之一。

四、山水诗画与山水审美的关系

山水诗是山水审美表达的重要载体，形、神、意是山水诗的三个重要层次。山水诗是我国古代诗歌中的一种重要体裁。诗人将山水作为诗歌创作的对象，歌咏山水之美，托物言志，进而借景抒情。通过山水诗研究，我们不仅能提取诗人在描绘山水时较为客观的“审美形象”，也能解读诗人的审美“意象”和诗人融情于景的“审美心象”，从而把握诗人彼时彼地的审美心理。通过上述研究能找出山水审美中的景点范式，为传承山水审美提供传统的视角和依据。中国古代的山水诗文学经历了长期的发展，在风貌和内涵上产生了流变，形成了不同历史时期的不同派别，因此有不同艺术特色和审美意境，如在汉赋、唐诗、宋词中对山水美的创作手法、审美视角是各不相同的。但从山水形象的模拟、山水审美意象的塑造、以形传神的创作原则来讲，山水诗的创作又具有共性。本书从山水诗创作的步骤、手法和创作中与风景欣赏的关系三个方面对山水诗创作进行总结。

山水诗多通过“状物喻形”来实现对山水的描绘，因此，从风景描写或认知的层次上讲，“写形”应该是第一层次，“传神”是第二层次，通过第一层次的写形来表达作者对山水的情感，将山水拟人化并赋予一定的感情，传达山水的神情。第三层次是山水审美的最高层次，也是山水诗创作的最高层次，即“达意”。在不同的山水创作的层次，山水诗人都通过一定的方式来实现这一层次山水审美或作者意志的表达，而这些创作手法又与风景欣赏有着较为密切的联系，详述如下。

1. 写形

“写形”是对山水形象的描绘，以呈现山水声色形貌之美为目的。形象的描绘分为两个方面，一是形象本身，二是形象所蕴含的精神气质。诗人如果忠实于山水的外在描写，必能得山水之“形似”①，但若能巧取形象的精神，则可兼得山水的神似。形似的表达一般是通过“意象”。在这里意象不仅能反映形象的具体性，还能反映诗人的感官感受。在形象环节是与风景各客观要素联系最紧密的环节。在诗

① 刘勰在《文心雕龙·物色第四十六》中指出：“自近代以来，文贵形似，窥情风景之上，钻貌草木之中。”其“貌”字是指景物的形貌，但“情”字则指景物的神情，一种可以让人体会出具有生命的精神状态。

歌描述中,一般是通过名词或名词片语①直述形象,名词与名词之间为并列关系,中间没有连词。有学者总结了山水诗中描述意象的名词和名词片语的三种句型(王国璎,2007):

(1) 名词或名词片语罗列的句型,又称为"断续型"。

(2) 倒装句型,又称之为"错置型"。

(3) 条件型。

古代的山水诗擅长通过上述三种方式来塑造意象。这些意象中又包含静态和动态两种。静态的意象主要是指能直接诉诸我们感官的象,是通过眼、耳、鼻、舌、身所能直接体会到的象,这种象具有很强的物质性,与风景的质量紧密相关。在诗歌中,静态的象是通过名词或名词和形容词连用的形式来表达的。静态的象分为"单独的象"和"复合的象"(Compound Image)。有学者指出,以色彩字为修饰的意象最能表达视觉的感官感受②。自然的声音也是诗人在描写山水中容易捕捉且较为吸引人的。在书写时往往采用双声、叠字的形式来塑造意象。

诗歌中的视觉和听觉感受常用"声""色"等字点出,以强化视觉和听觉的感受。在诗歌中值得注意的视觉词有:山色、日色、月色、云色、暮色等,值得注意的听觉的词有:水声、泉声、松声、风声等,此外值得注意的词还有光、晖、影、气、音、响等,表示嗅觉的词一般是"香"。"复合的象"是把两件事联系到一起的创作手法。在山水诗中有明喻和暗喻两种方式来创造复合的象。明喻是通过将一物比作另一物。而隐喻的方式表达意象不太直接,会造成意象在时间和空间上转化好几次,与客观风景本身有较大的差距,但能在一定程度上提升美学体验。动态的象用以表达山水的时间因素和动态美。是通过名词和动词来表达,通常使用的动词为感觉动词、认知动词和表示情绪状态的动词。表达的模式以"使用模式"为主—动—宾的句式,或者主—动—宾—状态的结构(王国璎,2007)。

2. 传神

山水的"传神"是指通过形态的描述能透析山水和主体的精神。对偶和对仗是山水诗中用以传神的重要手段。山水诗中表现对比(对偶、对仗)的手法有:

四角方位的对比、山和水的对比、地势起伏对比、景物高下对比、俯仰对比、远近对比、大小或雄伟纤细对比、声音对比、朝夕对比。

---

① 名词片语是由几个名词及其修饰语构成的片语。

② 以色彩修辞的景物意象中,先见物色、再见物体的论点见于宗白华《中国美学史中重要问题的初步探索》。

中国山水画所表现的不是美感经验的片面，而是美感经验的整体。所展示的不是固定位置所看到的视像，不是依据一点透视来经营安排构图，而是以多视点、多角度、完整游线地把握大自然的全境。中国山水诗人与画家的观照方式相似，都是从全局整体的角度欣赏山水的整体气质。从创作的手法上可以看出，一句写朝、一句写夕、一句写近、一句写远、一句写山、一句写水、一句写高、一句写低、一句写色、一句写质的对仗形式，让读者的眼前涌现出的是一个完整的自然世界。因此，山水诗中所描绘的山水景物往往不是按照视觉接触的先后顺序逐步呈露，而是将不同视点所览之各色物象共置于空间，表现诗人在大自然的观赏中整体的审美体验，呈现出一个万物万象的共存并发的山水世界（王国璎，2007）。中国山水诗通过意象去塑造山水的形态、色彩、声音、质量等，但诗人模拟山水形象的最终目的并非对个别或局部的意象塑造，而是对山水全貌的捕捉。

3. 达意

朱光潜认为，美感经验是一种超功利的心灵活动，诗人除了凝神浑然观照对象之外，旁无所见，别无所想，人景融为一体，自失于山水之中。王国维所提的"无我之境"，等同于老、庄典籍中提出的"虚静""心斋""坐忘"等。在山水诗创作中存在着三种普遍典型的"无我"关系，即物我相即相融、物我若即若离、物我或即或离，而这些主体的要求都是为了传达主体的目的，达到对情感的抒发。

绘画是人们对客观景物认知后的表现形式。山水画是我国古代以自然山水以及山水中人工构筑为创作对象的绘画形式。山水绘画理论是对山水绘画实践及思想系统的总结。相对于绘画作品本身，高度提炼和概括了绘画创作的审美偏好、创作思想、创作视角和创作手法。笔者综述了中国历史上具有代表意义的绘画理论，可探析古人进行山水审美的模式。

我国的山水画兴起于魏晋南北朝时期，在盛唐时期，山水画的发展已经与人物画齐头并进，到了宋代得以发展兴盛。山水画不仅反映了古人的审美视角和审美偏好，也反映了古人的自然观、哲学观、价值观等。研究山水画论有助于认识传统的审美视角，把握古人山水主客体作用模式，主体思想、客体观照等方面的特点。本书总结不同历史时期名家山水绘画理论著作及核心思想如表 1-4 所示。

表 1-4　历代山水画论专著及核心思想

人物	朝代	代表著作	核心思想艺术性	思想性(自然观、价值观、哲学观)
顾恺之	东晋	《魏晋胜流画赞》 《论画》 《画云台山记》	顾恺之指出,景物的描绘应衬托人物的身份地位和思想感情,写景也是为了写人。还提出了对山水也要“迁想妙得”。“迁想”是画家通过外识形态,内识精神后所得出艺术构思。“妙得”是形象思维偶然的活动过程	重视人物与环境的关系,不同的人处于不同的环境中,地位和思想不同
谢赫	东晋	《古画品录》①	《古画品录》被看作是古代文艺评论的一大步,六法的阐释是对美术理论的一项新的贡献。其“气韵生动”成为山水画乃至中国古典审美中的最高境界	
姚最	东晋	《续画品录》	“心师造化”非“目师造化”。心师造化不是简单的用眼,而是用心去体悟	
宗炳	东晋	《画山水序》②	畅神论(前文已述),“张绡素以远映”阐明了透视学原理一个中心问题,透视就是“远映”,如同在眼前放置一块玻璃,在玻璃上画出所见之景一样。此外,他讨论了山水的“形”对于“道”的体现,圣人对于道的领悟通过“神”	宗炳透视原理的提出,较之于风景画早。证明了我国古代存在与西方透视法类似的捕捉对象之术

① 南齐时期的《古画品录》中记录了绘画六法。其六法是:气韵生动、骨法用笔、应物象形、随类赋彩、经营位置、传移模写;六法主要涉及的是艺术性问题,较少涉及思想内容方面的东西(葛路,2009)。气韵生动列于首位,是中国艺术创造和审美欣赏的最高境界。气韵本意一开始只限于对人精神气质的形容,后扩大到山水、花鸟等各种题材,都可以品评其气质。气韵生动的初级含义是传神生动,是画家通过以形写神能够达到的阶段。而高级的含义是浑然天成的气质,主客融合的最理想状态,这不仅仅只表现于绘画创作,也表现于创作者的精神状态。骨法用笔之“骨”的本意是人和动物的骨骼结构,在绘画中用以探讨用笔雄健,具有骨势,谢赫在《古画品录》中借动物的骨力比拟用笔的功力。“奇骨”“天骨”等比喻则常见于我国古代的文艺评论。“应物象形”探讨的是客观物象和绘画形态的关系。在绘画创作中,画家虽可以适当地想象和夸张,但所象之“形”要应物而象。“随类赋彩”,是描绘客观自然景物的色彩,按照不同类别的对象表现它们的色彩。“经营位置”就是绘画中的构图。中国山水绘画的构图不受时间、空间限制,采取散点的方式。在构图中存在疏密、布白等各种讲究。“传移模写”是画家的基本功。

② 宗炳的《画山水序》是中国绘画史上第一篇从理论角度阐述山水画创作的专论。其中“圣人含道映物,贤者澄怀味像。至于山水,质有而趣灵,是以轩辕、尧、孔、广成、大隗、许由、孤竹之流,必有崆峒、具茨、藐姑、箕、首、大蒙之游焉。又称仁智之乐焉。夫圣人以神法道,而贤者通,山水以形媚道,而仁者乐。不亦几乎?”是其核心审美理论。在这套理论中有对于山水之形、人之神、万物之道这三个审美层次的阐释,从审美的指向看,山水之形表达的最终目的是与“道”的领悟和体验发生同构。

（续表）

人物	朝代	代表著作	核心思想艺术性	思想性（自然观、价值观、哲学观）
王微	南朝	《叙画》	“神明降之”指出绘画不仅是画家手头上的活动，而应倾注画家的思想	画家思想的注入
张彦远	东晋	《历代名画记》	对部分“六法”进行了新的阐述。对“应物象形”和“骨法用笔”的关系做了阐释。提出了立意，立意即构思，是创作的重要的环节，是“迁想妙得”的结果，立意存在于画家、书法家的头脑中	山水画始于吴道子，成于二李
张璪	唐代	《绘境》	“外师造化，中得心源”是张璪的绘画理论。意思是说画家在创作过程中要把客观事物与主观思想情感联系在一起。画家必须对表现对象作分析、评价、在头脑中改造，这是中得心源	
王维	唐代	《山水诀》	有学者称他为水墨画始祖。山水画的口诀讲了一些透视上的规则①，区别主要在于远近	
荆浩	唐代	《笔法记》	“六要”，是专门针对山水画的六条标准，包含“气、韵、思、景、笔、墨”。其中，气、韵与“六法”的气韵基本相同，“景”是指“制度时因，搜妙创真”，要求对自然景物描绘考虑到具体的环境与时间，但也要力图求得景物的“妙”与“真”。荆浩还指出“筋、肉、骨、气”的笔法四势。“夫画山水无此象亦非也”。此外，荆浩还强调了画山水求“本源”的重要性	“思”是指立意构思的意思。强调了“形”与“神”的关系，绘画与实物的关联
郭若虚	宋代	《图画见闻志》	将“气韵”与人的品格联系在一起。《论三家山水》②讨论了宋代水墨画三家的特点	

① “丈山尺树，寸马分人。远人无目，远树无枝。远山无石，隐隐如眉。远水无波，高与云齐。”

② 《论三家山水》的主要观点是水墨画到宋代形成了：①表现北方雄壮浑厚的山水，代表人物是荆浩、关仝、李成、范宽；②表现江南秀丽山水景色的董源、巨然；③表现江南烟雨的米芾、米友仁（葛路，2009）。

（续表）

人物	朝代	代表著作	核心思想艺术性	思想性（自然观、价值观、哲学观）
苏轼		—	诗画结合	
郭熙、郭思	宋朝	《林泉高致》	阐释了“前三远”理论，欣赏山水的方法为“游观”，确定了山水欣赏中的“仰视、平视、俯视”三个视角	“前后三远”理论确立中国山水画的创作和观画方式
韩拙	宋朝	《山水纯全集》	阐释了“后三远”理论，阔远、迷远、悠远，并且总结了我国东西南北的山川特点	
王履	明朝	《华山图序》①	绘画描写形象离不开立意，但“意”是通过具体的形象表达的。从这个意义上说，“形似”是最基本的	
莫是龙 董其昌 陈继儒 沈颢	明朝	山水画南北宗分宗论②	是中国绘画史上第一次提出的关于画派的理论。主要观点为：①南北分宗始于唐代；②南宗代表人物是王维，北宗代表人物是李思训，两派的区别主要在风格上；③南宗是文人画，北宗是行家画（葛路，2009）	
石涛	清代	《苦瓜和尚画语录》	搜尽奇峰打草稿，“法与化”“一画”说强调了线条是绘画与书法艺术极为重要的表达手段之一	强调对自然山水全面的游历和仔细的观察。“我用我法”是石涛艺术的主导思想

总结起来，古代山水绘画关于主体的理论可以概括为三个方面，即“内观”“外观”“内外兼修”。重视“内观”的理论有顾恺之的“迁想妙得”，宗炳的“畅神论”，王

---

① 元末明初，王履《华山图序》在序中阐释了绘画艺术创作的过程，从体验生活到立意阶段的甘苦。这个过程实际上是画家对山水美升华进而进入创作的过程，阐释了具体的形态到整体的审美认知再到意境的升华与提炼。

② 莫是龙、董其昌、陈继儒、沈颢在明万历年间提出山水的南北分宗论。沈颢认为绘画的南北分宗与禅宗的南北分宗类似并且同时期。“南方的王维为文人开山，北方的李思训为行家建幢。”绘画创作不能离开真实的物质世界，南宗北宗从画法、风格上的差异，实质上是客观反映了我国自然山水地貌“南秀北雄”的差异。

微的“神明降之”，张彦远的“立意说”，石涛的“法与化”。重视“外观”的理论有姚最的“心师造化”，王履《华山图序》中“重形”的论述。重视“内外皆修”的是张璪的“外师造化、中得心源”，石涛的“不似之似”。探讨绘画本体问题的有，谢赫《古画品录》中的“六法”和荆浩《笔法记》中的“六要”。这两部画论都涉及了绘画的意境、笔法、形象、色彩、构图、立意等要素。绘画构图是绘画本体论的一个研究方面。

绘画构图与风景欣赏紧密联系，而将绘画构图与风景欣赏紧密关联的著作是郭熙、郭思父子的《林泉高致》与韩拙的《山水纯全集》。前后三远理论不仅与风景观赏的方式、视角等产生了紧密联系，还强调了人们在观赏时要“步步观、面面看”“远看取其势，近看取其质”“观四时之景”的山水欣赏模式。对山水审美南北差异进行比较是绘画理论发展到一定程度后的一个新的生长点。对南北、东西绘画差异有所比较的绘画理论是郭熙父子的《林泉高致》和韩拙的《山水纯全集》，基本阐述了“南秀北雄、东南多奇秀，西北多浑厚”的特点。对山水画南北分宗系统阐释的绘画理论是明四大家的“山水画南北宗论”。

总体上看，“气韵生动”和“畅神”是我国山水审美的最高境界，与我国古典审美理论高度协同。从山水画论中总结我国山水审美特点是：

(1) 对主体品藻提出很高的要求，分别表现在文学造诣、生活经历和对艺术传统的研究继承三个方面(葛路，2009)。

(2) 绘画创作要融情思于对象，迁想妙得，心师造化，不能仅仅停留在应物象形的阶段，要追求不似之似。

(3) 山水审美是“合六远”游观的结果，是对“象”的整体涌现。

第三节　国际组织及世界各国的审美认知方式

西方风景审美先后经历了多个阶段，形成不同的流派，其中如绘式的风景审美占主导地位。站在今天的价值观和时代立场下分析风景画，必须要重视催生风景画产生的社会、文化乃至经济背景。如果仅从风格上进行分析和借鉴，而不去把握当时风景欣赏所产生的大背景和前提，则不能得出风格和创作原则形成的必要性，致使风格和创作原则仅仅成为一种符号而没有借鉴意义。

真正意义上的风景画产生于17世纪的荷兰，虽然文艺复兴乃至更早的时期风景已经作为背景在画面中出现，但荷兰的风景画派使得风景画成为主景和主要创作对象。风景画的产生最主要根源是“如绘式”的欣赏方式的确立，这种欣赏方式将风景放置于在画面中去欣赏,对风景的取舍与选择按照绘画的标准与需求来进行。风景虽然作为创作对象,但并不是审美的直接载体,风景画的画面效果、构图色彩等才是风景欣赏的直接对象。而风景画经过漫长的发展,已经形成了非常成熟固定的经典欣赏模式。

有学者认为,荷兰的风景画从本质上来说是一种城市化、商业化的文化产物,这使得他们可以比较自由地无视经典绘画的策略。这些画家欠缺那种见多识广、贵族化的赞助人基础,他们是社会地位低下的工匠。绘画的主要目的是为了迎合和满足市场需求从而换取一定的经济价值。他们以中产阶级、以市场需求为作画导向,这使得他们在创作上没有任何理论禁忌。风景画除了满足当时的市民和权贵阶级对于乡村的向往和亲近,在一定程度上也承载了某些政治意图。

对于风景欣赏,目前西方一些学科和领域都进行了研究,包括哲学美学、心理学、审美心理学、环境科学、管理学、人文地理学等。这些学科很多与风景审美研究呈现出交叉关系,其研究成果及相关理论能为风景审美研究所借鉴。这些学科之间相互影响,比如,心理学中的认知学派,对贡布里希的美学哲学产生了影响。本书从各学科研究的侧重点、研究方法、研究结果和产出理论几方面进行综述和比较,以期从不同学科更加全面把握对西方风景审美研究的进展与值得借鉴的经验,为构建中国名山风景区审美价值提出借鉴经验(表 1-5)。

表 1-5 西方风景审美相关领域研究理论和方法①

研究领域	研究的侧重点	研究方法	对风景欣赏有意义的成果	相关理论
哲学美学	形式美学②; 康德对崇高的讨论③ 对艺术的讨论	哲学推理、逻辑演绎	与经验主义认识论结合,形成风景欣赏和风景画创作的原则	康德的"移情说"; 贝尔"有意味的形式"理论

① 整理自 Ervin H. Zube, James L. Sell, Jonathan G. Taylor. Landscape Perception Research Application and Theory:9.

② 英国艺术理论家威廉.荷加斯(1697—1764)在《美的分析》中提出,美是由形式的变化和数量的多少等因素相互制约而产生的。美学家贡布里希研究吸收了感知心理学(Perceptual Psychology)的知识。认为审美主体携带文化预制的精神模板,不管走到哪里,看见什么,作出什么反应,都不断地被这些模板调节(马尔科姆·安德鲁斯,2014)。

③ 康德论"崇高"为我们欣赏自然美提供了一个线索,有学者认为摆脱了传统艺术理论束缚。公元1世纪朗吉努斯(Longinus)指出作品中的崇高是一种"精神伟大之回应"。18世纪中期的博克(Burke)把文学作品中的崇高与超出想象的恐惧情感和力量联系起来,康德则把崇高运用于自然,形式和边界的目的性。他认为崇高存在于我们的精神世界中,只有通过理性,通过对判断进行主观建构,我们才能认识崇高(艾伦·卡尔松,2006)。

（续表）

研究领域	研究的侧重点	研究方法	对风景欣赏有意义的成果	相关理论
审美心理学	审美的反映——刺激（心理物理学①）	测量风景偏好度，建立风景客体与景色质量的函数关系，一般通过照片测出景观元素，从而确定景观的偏爱量	挖掘出长久以来在人们心中的生理反射；得出某些人们普遍偏好的风景和风景要素，以及满意度	—
	研究人对风景感受的过程，以及人本能、先入为主影响景观认知的因素（认知学派②）	预测景观偏好变量，根据景观特征反映分级质量变化个体评价；量表统计 SEB 法	对不同教育、文化背景的人群对风景的偏好有所总结；对审美内在结构的解释	—
	研究风景视觉与直觉的完整形象，人的视觉对风景结构样式整体把握的感觉和能力（格式塔心理学③）	图片测试	形成审美的经典视角、经典画面构成，经典画面组成及比例等	格式塔心理学原理
环境科学	地形、植被、水体、土地利用等；景观客体如何分类、描述和测量	地理学方法测量法，如 GIS 及遥感、景观类型划分；风景质量和状态的变化与监测	景观客观分类体系建立，如将风景分为天景、地景、声景、水景等，对每一类要素从自然地理的角度量化记录；组合景观的类型："全景式景观、特征景观、围合景观、焦点景观、顶棚景观、细部景观、瞬时景观"	Litton 提出 7 个反复出现的景观类型及其视觉框架；凯文林奇城市意象五要素

① 心理物理学是研究心物关系并使之数量化的一个心理学分支。费希纳的定义为：它是一门研究心与身或者心与物之间的数量关系的科学（百度百科）。

② 认知学派形成于 20 世纪 80 年代中后期，代表人物是赫伯特·西蒙。认知学派认为认知是信息处理、制图和概念形成过程。

③ 格式塔心理学产生于 20 世纪初期，代表人物是韦特墨、考夫卡和苛勒，它又被称之为完形心理学。它把风景视觉的研究与艺术形式的研究结合起来，认为人的视觉有对风景结构样式整体把握的感觉能力。

（续表）

研究领域	研究的侧重点	研究方法	对风景欣赏有意义的成果	相关理论
管理学	风景敏感度、环境影响评估、视觉影响评估、视觉吸收力评估等	定量评估与测算、情景模拟	通过一系列的方法确定视觉敏感度、敏感物、视觉吸收力，从而制订保护管理的措施	—
传播学	经验学派	一般运用定性的方法及人的个性、兴趣、爱好、过往经验等来综合阐释景观；日常经验的世界，熟悉社会空间景观风格	经验主义的景观审美、一些较为固定的景观品位	—
人文地理学	对于风景选择位置的观察与总结	观察法、归纳总结法	风景欣赏时观景点的选择	杰·安普雷顿(Jay Alplton)的瞭望—庇护理论①是一种栖居地理论，认为人们对风景的欣赏应该是建立在自身安全基础上的

西方近现代风景审美的研究已在多个学科开展起来。研究涉及审美主体、客体和主客体关系三大部分。其中对主体研究的学科为哲学美学和审美心理学。哲学强调了主客二分和纯粹审美欣赏。形式美学研究了主体长期存在于人们心中的审美模板。审美心理学主要研究了审美主体对于客体刺激的反映、不同人群对不同风景的偏好度和偏好量、人的心理对于审美形象的完形作用。可见西方对于主

① 将风景的体验与艺术审美联系起来。在他著名的研究著作《风景的体验》(*The Experience of Landscape*, 1975)中指出，在我们对来自风景的审美愉快进行评估时，我们会无意识地召唤起一种重视领地优势的模式，这是源自采集狩猎时期的本能。那种能看到猎物却不被猎物看到的优势地理位置。同时也是能看到猎物或敌对力量却不暴露自己的战略地点，自然地转化成一种巨大的安全感，同时提供了视野和庇护所的土地形式，满足了生存的需要，称之为“瞭望—庇护”理论。景观表现通过不同的媒介(media)，将不同的媒介看作是景观体验的工具，应该了解媒介的潜力和限制。英国自然风景园林中最具避难(refuge)符号特征的是墙。一般情况下，山头被看作是瞭望(prospect)用的。后来人们在山的基础上建立了高塔(tower)，提供公园庇护地向外看的视线。

体的研究比较倾向于寻找客观规律和探索生理对于美的反应，而不倾向于对主体品藻和主客交融关系方面的研究。在客体方面的研究则比较偏向客观科学地量化风景，并在实践领域大量运用了量化测度的方法，对全世界各国的风景评价产生了深远影响。在主客体作用模式方面的研究明显晚于主体和客体各自的研究，并且研究方向也相对较少，最主要的理论是当代环境美学中对于审美模式的探讨，被认为是破除主客二分的审美模式，是西方风景审美研究的一大进展。

一、世界遗产标准 vii 对于审美的评价

对于自然遗产的审美的评价是世界遗产评价的一个方面。世界自然保护联盟(Intemation Union for Conservation of Nature，IUCN)于 2013 年发布了《世界遗产标准 vii 的识别研究指南》(*Study on the application of Criterion vii*，*IUCN World Heritage Study N° 10*)(以下简称《指南》)，《指南》详述了标准 vii 演变的历史、标准 vii 的研究思潮和指标制定的历史脉络，还系统总结了标准 vii 现状研究的进展及面临的问题。《指南》对我国名山风景区审美价值识别有四点借鉴意义：

(1) IUCN 指出，对于标准 vii 的识别可分为两大部分，第一部分为“绝妙的自然现象”(Superlative Natural Phenomena)，此部分价值应通过比较得出。具体方法是在识别一处世界遗产具有以标准 vii 列入的价值时，应按照比较研究框架，将该处遗产与世界上或局部地区的同类型的遗产或已经列入的世界遗产进行比较。在《指南》中指出，至少应建立国家层面的比较研究框架。通过比较研究后可得出审美“之最”的特征，进而判断其是否具有世界级别的审美价值。

(2) 一定程度的定量研究。《指南》要求阐释“之最”特点时不能简单地定性，要尽可能地借助定量的方式来阐释“之最”的特征。之最的特征应在全球比较的框架下来建立。如，墨西哥蝴蝶生物保护区(Monarch Butterfly Biosphere Reserve, Mexico)，该遗产地蝴蝶的迁徙满足了审美价值的“绝妙的自然现象”，在该条“突出普通价值(Outstanding Universal Value，OUV)”具体阐释时，定量说明了蝴蝶迁徙的区域、距离、迁徙数量和迁徙个体，通过数量阐释了该保护地的蝴蝶迁徙不是简单的“单一物种的迁徙”，而是基于上述数量证实了它的物种迁徙是“绝妙的自然现象”。

(3) 需进一步发展定性研究的方法。虽然世界遗产在识别审美价值“绝妙的自然现象”一部分运用了定量的方法来识别，但对于第二部分“特殊的自然美和美学重要性”(Exceptional Natural Beauty and Aesthetic Importance)难以采用定量的方法进行识别。因此，在《指南》中建议在世界各国在已有审美价值识别方法如

英格兰景观特征评估(Landscape Character Assessment Guideline for England and Scotland, LCA)、经验法、描述法、物理学法等基础上,进一步研究适合的方法和原则,目前这一研究仍在进行中。

(4) 建立了从价值到载体进而到载体特征的识别逻辑。

二、美国风景评估的借鉴

美国国家森林局、国家公园局所采用的风景评价系统主要为视觉资源管理(Visual Resource Managment, VRM)和风景管理(Scenery Management System, SMS)系统。这两大系统从形成至今经历了变革与发展,大致可划分为四个阶段。第一阶段是由 Litton 等人编制的森林评价系统 PSW-49,该系统注重如绘式画面的风景评价,提出静观画面模式、空间模式和动静结合的体验模式三个方面的审美评价方法。第二阶段引入人为感官评价模式,如距离、光线和视点等。第三阶段,美国土地管理局创立了 VRM 系统,该系统注重风景的物理要素评价,将风景与客观的自然要素对应起来,运用特征、形式、肌理、色彩、多变等评价指标来进行风景评价。此外,该系统还对视觉吸收力(Visual Absorption)进行了评价,认为只有视觉吸收力达到一定的程度,风景才具有开发的前提。第四阶段,风景评估形成较为整体的价值系统概念。美国国家森林局在 PSW-49 的基础上进一步修正和发展,使得这套价值系统作为完整的价值评价系统,综合了物理景观条件、人的审美生理感受、载体完整性、载体特征等要素,在这套较为综合的价值识别体系中包含了审美的主体、客体、主客体作用模式三个要素,综合而全面。总结起来,美国四个阶段的审美评价系统对我国名山风景区审美价值识别方法的构建有以下两点借鉴意义。

1. 审美价值识别从局部识别向整体识别转化

目前,我国在风景区审美评价中借鉴得较多的是美国资源评价的第三阶段,对资源本底进行分类,进而运用一些涉及人们审美感受和描述景观特征的指标加以评价,比如在《规范》中运用的指标有"景感度、奇特度、完整度"。(1991)

但综合起来,美国审美价值识别值得我国借鉴的不仅仅只有第三阶段的局部识别指标,更有作为整体的价值识别体系。在这套体系中包含了静观的审美识别,非常接近于今天的场景,在识别时关注距离、光线、组合类型三个指标。空间体验识别,考察视点、形式、空间三个指标,强调一个空间里面可能存在的整体感受,或多个不同的视点。感官识别,利用如形状、线条、色彩、质感、变化、和谐、对比等指标来评价人们对审美的感受。

2. 审美价值评价指标经过相关科学验证具有合理性和可信度

美国视觉审美的评价标准制定较为严谨，其理论依据是“恢复性环境理论”①，并利用其相关方法进行审美价值识别。对于审美价值中的二级指标的定义，则参考了心理学中的“操作性定义”法，审美评价的指标经过多次试验和环境行为的反馈而制定。在一系列的评价体系中，充分考虑到了人对于美景的心理因素和环境自身的特点所带给人的审美愉悦。在大量访谈、数据采集、各层级编码基础上，卡普兰提出了运用恢复性理论评价中以下四个最重要的指标。

(1) 距离感(Being away)。它是指引起和通常情景不同的心理内容，这样能避免心理的疲劳，通过改变环境来进行心理恢复。

(2) 吸引力(Fascination)。当某物不吸引人时，观者需要花很大精力集中注意力来抑制注意力分散；当某物具有吸引力的时候，之前高度集中的注意力就得以缓解。

(3) 丰富性(Extent)。通过感觉剥夺实验，卡普兰(Kaplan)认为人的生活是需要刺激来加工的，如果使得人所处的环境过分地单一化，致使感觉被剥夺，通过实验会加重人的心理问题，因此，丰富性对人感觉的恢复有一定的作用。

(4) 相容性(Compatibility)。它是指由该环境提供、鼓励或要求的活动与人的目的或倾向有很好的匹配。简言之，就是一处环境和另一处环境有一定的距离，但又需要一定的相关性。

美国林业局所制定的风景评价指标明显受到了 1983 年卡普兰(Kaplan)恢复性环境理论四个指标的影响，林业局所用的指标为距离感、多变性(丰富性)、和谐性(相容性)以及视觉吸引力(吸引力)。美国的审美价值识别虽然在定量和客体评价方面已经作出了突出的贡献，但依然存在一定的缺陷。在 SMS 评价体系中，虽然纳入了主体要素而制定评价标准，但依然还是较偏生理方面的评价，缺乏心理和文化方面的评价，而且几乎始终站在专家的视角进行评价，忽略了利益相关者对审美价值的识别。

三、英国景观特征评估的借鉴

英格兰景观特征评估和威尔士土地地图(Landmap)是较为常用的风景评估的方法。它们都基本建立在价值观中立的基础上，关注土地的特征，值得我国名山风景区审美价值识别方法的构建借鉴的经验有三点：

---

① “恢复性环境理论”是 1983 年由美国密歇根大学的卡普兰(Kaplan)和特波特(Talbot)提出，二人就野外生活对心理的影响进行了研究，认为野外生活对于多数人来讲具有恢复性功能，因此提出了此理论。

（1）在国家层面依据地理分区所划分的不同的景观特征区域进行识别，使得每一个地区最为主要的景观特点明显。

（2）基于比较客观的景观地理特征，结合描述性的与审美感觉相关的词汇来进行景观特征识别。

（3）在识别中注重当地人所持有的地方审美价值。

英格兰景观特征评估的借鉴意义是价值中立的评价方式。在识别中，既有物理载体特征的识别，包括实地场地调研中的对载体的现场划分、档案记录、文字描述等；又有景观特征（Landscape Characteristics）与载体（要素）及其关系的识别，并形成较为固定的识别景观特征的描述性词汇，如围合度、肌理、色彩、多样性（至少有多少种类型的景观、它们之间的组合、变化的好坏）、整体性、形式（场地的形状、植被状况、线性空间、地形）等。重视纳入利益相关者，尤其是原住民的价值判断。此外，英国景观特征评估还纳入了对于难以定量化的感觉方面的评估。英格兰LCA识别将保护与利用结合起来，关注景观风貌特征，但对于与审美相关的文化价值和社会价值判断较少。

威尔士土地地图系统和英格兰的景观特征评估类似，但分为宏观和微观识别两个层面。在宏观层面对整个威尔士区的大尺度景观特征分区。在对某一个分区的审美特征进行分析时，才会再从客观物理要素和审美特征两方面进行识别。客观物理要素是从地形形式、土地覆盖模式、聚居模式、边界类型几方面进行识别。进行审美衡量的指标为：比例、围合度、多样性、肌理、线性、色彩和对比度、平衡、单元、样式等。

由此可见，英格兰、威尔士审美价值识别都是对景观特征的评估。英格兰审美识别采用价值中立态度，最后识别的结果是不同景观特征分区和点。威尔士景观特征识别最终结果为等级划分，要识别出具有国家级别重要性的地区。英格兰和威尔士在审美价值识别中，以价值中立的评价方式、实地景观特征登录、积累特征评价指标、在全国范围内划分景观特征分区，这四点对我国名山风景区审美价值识别方法构建具有借鉴意义。

四、世界各国审美价值识别实践

1. 美国——定量化的风景质量

美国林业局Litton描述法、美国土地管理局风景调查评价VRM法以及美国林业局SMS体系——综合评估法是用以评价审美价值的三种方法。该评价是对风景质量与特征的评价，主要服务于风景道路的选线和观景点的选择，所识别的审美价值主要为视觉观赏价值。

该评价以绘画美学原则和格式塔美学制定评价标准。在评价中主要考虑人与客观自然这两方面的因素。最终的评价结果是风景优美的路线、景点、分区及各自不同的特征。评价从三个层面展开，即：①从画面静观如绘式的审美模式看，引入了距离(前景、中景、远景)，光线，组合类型这几个指标来识别，这几个指标是逐层递进关系，距离是光线、组合的基础。②从空间体验审美模式看，在评价时引入观看视点(位置较低、位置适中、位置较高)，形式，空间几个指标。同样，这几组要素也是递进关系，视点是形式、空间的基础。③从静观结合空间体验审美模式看，序列是静观画面和空间体验的综合，是连续的体验，是形式、距离、空间、光线和观察者视点的相互作用，可以增加景观欣赏的丰富度。

静观审美模式载体及特征：上述每个指标都是审美价值的载体，载体有自身的特征，由两方面构成。一是人的体验或感觉，二是自然风景的客观条件。例如，“距离”这个指标中，从人的主观体验角度讲，强调距离所造成的能见度、感知度；从客观自然条件角度讲，强调风景距离人的远近，以下对静观审美模式的载体及其特征逐条解释。

静观审美模式评价需考察距离、光线、组合类型三个指标。在距离指标中，距离的前景、中景、远景都是审美价值的载体，而能见度、感知度是载体特征。在三种景深中，前景能见度和感知度最高，有仔细观察微观事物的可能性，并且所获得的审美声音、气味、触觉更为准确；中景能见度、感知度较弱，适当地简化了前景的一些事物，一般能与前景形成较为鲜明的对比，在中景层，人工设施一般清晰可见，因而是视觉景观较为敏感的区域。远景是能见度、感知度最低的区域，一般只勾勒出轮廓，与前景、中景形成对比。光线指标包含：背光(早晚)、侧光(中午)、面光(中午)这三个载体。这三项载体涉及与人感觉相关的模糊、清晰、缥缈、立体感等载体特征，也包含自然中光线经过散射和空气透视后的色彩、亮度、色调性质，这些客观要素受天气、景观表面肌理等影响。背光会使物体变得模糊，侧光和面光几乎相同，侧光较之于面光更有立体感。在组合类型要素中，采用了艺术画面组合的视角和方式，提炼出七种不同的组合方式，这七种组合方式即是载体。它们的载体及其特征分别是：①全景式景观为载体时，前景、中景、背景一般是呈水平方式平行排布特征。②特征景观为载体时，景观中有识别度很高的景观。不同形式或形式的组合所表现出的多样性为载体特征。③封闭景观为载体。有微妙的外壳和明显的边界，形成穹形视觉影响为载体特征。④焦点景观。⑤顶棚景观为载体时植被覆盖的空间，如林下空间；考虑高速路的车速设置和道路的高宽比、景观的渗透。⑥细节景观。⑦短暂景观,空气和气象条件、投影和反射景观、取代性景观、标志、动物居住等。

空间体验审美模式需要考察观看视点、形式、空间三个指标。在观看视点指标中,分为观者位置较低、观者位置适中、观者位置较高三种不同类型。在审美评价中要比较几种不同的观者位置的景观感受与地形条件的关系。该指标与视角、视距、道路所在景观中的位置相关。在形式要素中,形式一般由对比产生,能给人造成强烈的视觉冲击力。通过对比显示出主要的形态,与形式最为相关的自然要素为地形与植被。通过比较客观自然要素的分离、大小、等高线的不同、轮廓或表面的变化等来识别出形式。例如,通过地形图,可以找出突然变化的地形和与一般形式形成区别的地方。通过比较表面植被,找到表面的不同。在空间要素中被定义为基于地形的三维的空间凹面或植被的围合,或者两者皆有:①墙体/地板的比例。②封闭的墙面和地板。③树木、地标界面形成的边界,地板上的配置。④绝对大小的差异。

静观结合空间体验审美模式中,序列是审美价值的载体,序列给人的景象丰富度是载体特征。序列中与人的感觉相关的要素为一种连续的体验,特点是能给人丰富的景观感受,增加景象的丰富度,形式、距离、空间、光线和观察者视点所涉及的自然要素在这里都会涉及。总体上说,该评价系统建立了人的感受(生理审美特点)与风景客观要素之间的关系。运用静观、空间、动静结合三种方式识别了审美价值。在评价过程中,距离、光线、组合类型、视点、形式、空间及序列是载体,体验丰富、景象丰富、色彩多样、空间变化丰富、景深层次丰富是载体特征,评价的结果为最优的风景路线和观景点。该评价体系的优势是从画面、空间、序列三个角度去理解风景审美,并且设置了一些与生理审美特点联系的指标,便于审美的评价的操作。但该系统过分依赖于生理审美,尤其是视觉审美,对心理审美方面挖掘甚少;因此得到的识别结果虽然比较客观,但依然不利于判断美学偏好与审美价值。

VRM评价系统建立在形式美学判断基础上。主要关注人们对审美生理的反映,依据形式美学判断标准对审美客体进行判断。评价分为以下五个步骤:①风景质量等级单元(Scenic Quality Rating Units,SQRU's),从物理特征,即形式、肌理、色彩、多变等方面识别出相同或相近的景观单元。②识别风景质量,按照专家评价的方法来判定。③识别敏感度的高、中、低三个等级。在敏感度识别环节,需纳入利益相关者要素,需考虑利用类型、使用数量、公众兴趣、相邻土地、空间区域以及其余要素。④识别距离分区。距离分区依据一条既定的游览路线上一些观景点来识别,分为前景、中景、远景三个区域。⑤识别视觉资源分类和对象。调查和分析特定风景单元的视觉吸收力,决定出可接受的视觉污染程度。根据风景质量、敏感度、距离分区来确定风景质量等级，进而针对不同等级制订保护措施。比如：第1级为优先保护的自然景观，绝对保护和进行非常有限的活动。第2级为保持现有景观，景观可接受的改变很小，所允许的活动较之于第1级显而易见。第3级，部分保留现有景观，景观可接受的改变适中。第4级，对现有景观进行一些主要的改变，可接受的改变较高。在第4级也需要划出视点上看见的需要恢复的区域。

审美价值的载体是形状、线条、色彩、质感、变化、和谐、对比等，审美价值载体与客观风景要素相关的是森林、草地、山体、水体、邻近区域、人文影响等。描述载体特征的指标是复杂多变的、多样的、引人注目的、有趣的、清澈的、干净的、对比明快、生动地、处于主景地位、罕见度及和谐度等。风景评价结果为风景景色的等级，分为高中低三个级别(表1-7)。审美评价识别的单位是景观单元，每个单元都可能包含森林、草地、山地、水体等自然要素。得分较高的景观单元对应的保护程度高，利用强度低。

表1-7　美国土地管理局风景变化等级

风景要素	内容说明	风景景色质量	
		等级	赋值
地形	高度复杂多变(地形、高度、垂直，表达垂直的悬崖，尖顶或者大石头裸露的区域)，包括主要的荒漠和沙丘地区，这些地区有引人注目的特色景观	高	5
	有侵蚀形状或不同形状的地形，这些地形有趣生动；虽然不是主要景观或者特殊的景观	中	3
	低矮的旋转山地、山脚的地区、有趣的景观较少	低	1
植被	多样的植被类型表现出了有意思的形态、肌理和图案	高	5
	植被只有1～2种变化类型	中	3
	没有或者缺乏有对比的植被	低	1
水体	清澈干净的水面，或者飞溅的瀑布；其中任何一个都是主景	高	5
	有上述的内容，但并非景观的主景	中	3
	缺乏或有水面，但也并没有引起注意	低	0
色彩	景观由丰富的色彩构成，岩石、土壤、水面、植被和雪景有强烈对比，色彩多样、生动	高	5
	色彩有一定的变化强度，岩石、土壤、水面、植被和雪景有一定对比，但在构图中占次要地位	中	3
	缺乏或有，但也并没有引起注意	低	1

(续表)

风景要素	内容说明	风景景色质量	
		等级	赋值
相邻领域	对提高风景质量有显著的作用	高	5
	对提高风景质量有一些作用	中	3
	对提高风景质量几乎不起作用	低	0
稀缺性	为当地极稀少的风景,其中也包括珍贵动物	高	5
	尽管与其他风景有相同的地方,但仍然保持突出的自身特点	中	3
	尽管当地极常见,但风景仍能引起注目	低	1
人文影响	增加风景的亲和力,与风景和谐共荣	高	2
	对区域的景观没有增加视觉多样性;但没有不和谐的元素介入	中	0
	大规模的不和谐	低	−4

(来源:翻译自 H-8140,《风景质量调查和评价表》*Scenic Quality Inventory and Evaluation Chart*,1993)

VRM 系统按照形式美学的法则对美学价值进行识别,对载体及其特征制定相应的识别指标,通过专家评价的方法进行评价。通过叠加风景质量、敏感度、视觉吸收力的评价结果,识别出景观单元的风景质量。根据不同质量及敏感度识别,制定相应的保护级别与管理措施。并且对可建设区域进行视觉吸收力评价,对不同特征的景观建设项目进行评价,并得出一些适合建设的图则(图 1-1)。

建设前　　预建设方案　　视觉评价后建议方案

图 1-1　VRM 系统设施建设方案比较

(引自 *Scenic Quality Inventory and Evaluation Chart*)

风景管理系统(Scenery Management System, SMS)是 VRM 系统的深化,是国家森林审美价值调查和分析的依据。区别原有风景管理体系,SMS 体系提供了在规划中综合美学以及生态学、物理学、社会学、文化资源等的方法。

在分析基本的自然条件、生态单元的条件下，描述景观特征（其中包括风景吸引力）、景观可视度（其中包括距离分区、考虑的级别）；根据景观特征和可视度叠加得出风景级别。综合风景级别与风景完整性，得出评价风景开发的多方案比较方案，最终选择符合景观特征发展目标和风景完整性发展目标的最优方案实施，并进行监测，程序如图 1-2 所示。

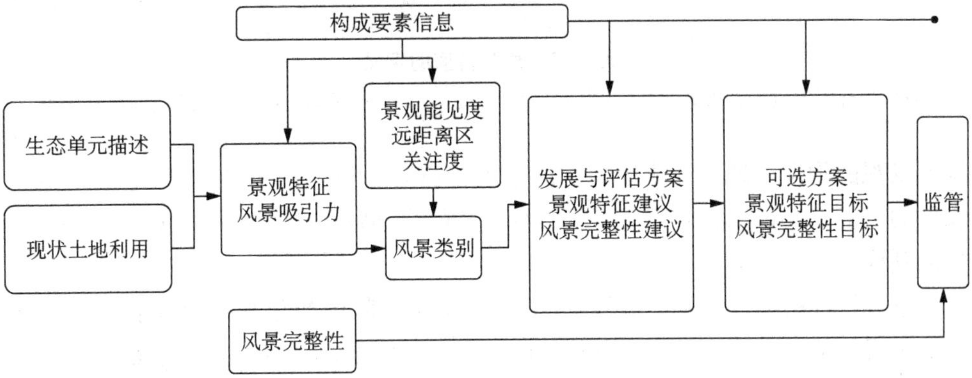

图 1-2　风景管理系统的过程

（引自《景观审美风景管理手册》，*Landscape Aesthetics A handbook for Scenery Management*，P：6）

该体系中有三个环节非常关键：①景观特征识别，包括现有的景观特征载体（Landscape Character Attributes），潜在的景观特征，地理单元内的风景吸引度（Scenic Attractiveness）。②使景观具有与众不同的景观特色的识别，视觉敏感的景观，风景欣赏者的感性因素。③景观完整性（Scenic Integrity），包括完整度的连续性、现有完整度、景观中结构的角色，累积景观效果和持续性的风景效果，以及不同的人类活动对风景完整性的影响。

在该评价系统中，景观的价值是依据景观距离分区（Distance Zone）、风景等级（Scenic Class）、风景吸引度（Scenic Attractiveness）、现有风景完整度（Existing Scenic Integrity）、公众关注级别（Public Importance）这五个方面来识别，所得到的风景价值是综合平衡这 5 个方面后所产生的价值，如图 1-3 所示。

评价中所涉及的各要素解析：景观特征赋予地理单元视觉和文化图像，并且由物理、生物、文化载体组成，使得每一个景观能够独立地被识别。景观特征与景观属性以及自然属性相互联系，其关系可以解析为景观特征—景观载体—土地特征、岩石特征、水特征和植被特征。

进行景观描述的目的是：①考察现有景观，建立留有视觉印象，能帮助场地识

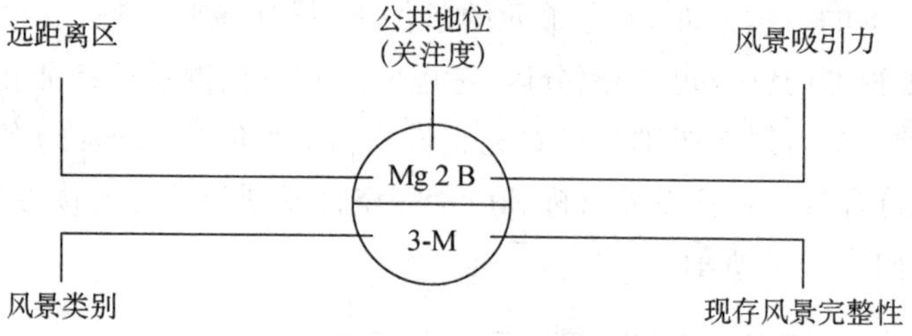

图 1-3　景观价值的定义

(引自《景观审美风景管理手册》,*Landscape Aesthetics A handbook for Scenery Management*, P:8)

别的景观的物理表现。②比较现有的景观特征与理想的景观特征,制定景观特征发展的目标。③识别朝着景观特征目标改变的景观特征。④建立起风景完整性衡量的基线。

景观特征的描述通常会涉及:①景观经历了时间的变化是如何发展的。②潜在的景观特征。③现有的景观载体,如地形、植被类型、水、特征和文化要素。④对美学感官有影响的审美体验,如声音、味道、气味。

由此可见,景观特征描述具有共时性和历时性的特征。共时性表现在依据不同的自然客观条件,审美感官识别出不同的景观特征。历时性反映在识别景观特征过去的表现,预测未来的表现。

景观吸引力是指整体的景观风景质量对人产生的吸引。景观吸引力暗示了能创造出不同的景观满意度和积极心理响应的程度。景观吸引力识别是对已经认知的美和美的组合的审美偏好进行分级,一般分为三个等级:即有强烈区分、典型或共同、没有强烈区分。景观吸引力的衡量指标建立了景观特征(景观载体)与载体特征的关系。风景吸引力的载体是风景的景像组合,包括:①土地样式与特征,如地形特征、岩石特征以及它们的并置。②水体表面特征。③相对发生和潜在植被及组合的差别。④土地利用形式和文化特征。载体特征是用以描述和形容这些景像组合的特征,有研究表明,人们容易被具有多样的、活力的、秘密的、未受损伤的、一致的、和谐的、完整的、形式的、平衡的这些特点的景观所吸引,且景观吸引是一种比较持久且较为稳定的吸引力。

风景完整性是指风景特征完整、没有受到损害。对完整性识别的结果是从非常高到非常低地评价风景完整性,如表 1-8 所示,并辅以不同的管理措施。完整性非常高对应风景严格保护;完整性高对应风景保留;完整性中等对应风景可接受稍微改动;完整性低对应风景可接受修改;完整度最低对应风景可接受最大程度修改;最极端的情况是完整性达到非常低,则对应直接用作开发。

表 1-8　风景完整性概括

景观图像或场地风景的整体性指标	(VH)非常高	(H)高	(M)中等	(L)低	(VL)非常低	(UL)不可接受的低
主要景观特征和主景	景观特征	景观特征	景观特征	主景	主景	主景
从景观特征讲显著程度	无	不显著	显著但不控制	主要	非常主要	完全主要
景观特征未受损	景观特征完全表达	景观特征大部分表达	景观特征中度表达并且有一点小改变	景观特征低表达并且有大改变	景观特征低表达并且有严重改变	完全改变

(翻译自《景观审美风景管理手册》,*Landscape Aesthetics A handbook for Scenery Management*, *Scenic Integrity*)

景观可视度是指景观的可见性,可视度的评价涉及五个方面:①观察者的背景。②观察的时间。③可辨识的景观细节程度。④季节变化。⑤观赏者的数量。通过总体考虑上述五个方面,形成景观可视度考察三个指标:一是风景道和使用区域;二是可见的级别;三是距离远近。

景观的可视性在国家森林中需要重点被评估的地段为:①线性风景游赏道,包括高速公路、铁路、小径、商务飞行路线、河流、隧道以及水道。②面状使用区域,包括游客中心、观景点、小路的尽端、露营地、野餐点、游泳海滩、游船码头、度假村、滑雪区域以及其余游憩区域,此外还包括一些城镇与乡村结合的区域。

风景等级识别是风景吸引和风景可视性的叠加,共分为 7 个级别,如表 1-9 所示。风景吸引度为 A 的景观如果处于前景第一位,则风景的级别就为 1,所获得的评价结果最高。评价系统建议将现有景观完整地纳入风景等级中考虑。

表 1-9　风景级别划分

		前景 1	中景 1	背景 1	前景 2	中景 2	背景 2	中景 3	背景 3
风景吸引度	A	1	1	1	2	2	2	3	3
	B	1	2	2	2	3	4	5	5
	C	1	2	3	2	4	5	6	7

注:其中 Fg 表示前景,Bg 表示背景,Mg 表示中景。
(引自《景观审美风景管理手册》,*Landscape Aesthetics A handbook for Scenery Management*, *Scenic Integrity*)

总之,美国的 SMS 系统较为全面地认识了风景的价值,在价值识别层面亮出了与价值评价相关的要素。该评价体系识别了景观特征与自然要素的关系。景观吸引力建立了景观载体与载体特征的关系。风景距离分区、风景关注度将人与风景进行了联系。风景完整性是确立风景保护级别的重要指标之一。该评价体系较之于较早的 VRM 系统更为全面地认知了价值,从客观自然条件和人与自然的关系两个方面进行了审美评价,在一定程度上建立了价值—载体—载体特征的关系。风景完整性的识别是该评价体系的亮点。该评价的缺点是完整性评价与风景等级评价之间的关系不紧密。

VRM 系统在美国经过近 20 年的发展利用,已经具备了相当的经验并且指导了风景保护的实践。敏感度的识别一是为风景可接受的改变提供了基本保障,二是纳入了公众参与,使得利益相关者关于建设的诉求与风景保护在博弈中得到了一定的平衡。但经过近 20 年的实践,学者也对此系统提出了三项质疑:一是在价值识别层面分级仅分为三级,显得过于粗糙,导致同等级别中的不同类型风景毫无差别,只能为风景资源管理工作提供非常概括的原则。二是按照景观分区分出的景观,在每一处景观分区中都可能包括不同的景观类型。虽从等级上能明显看出一处景观分区较之于其余分区的高低,但不能明显看出该景观区域的主要景观特征。这将导致主要景观区域特征识别及相应保护措施的缺失。三是在评价过程中的专家评价法有较为积极的作用,但有可能忽略了地方价值,并且不免有主观性因素过强的嫌疑。形式美法则作为风景评价的重要的基础具有一定的积极作用,但形式美主要是从画面构图的角度进行评价,是风景的"静观模式",注重生理对于风景的感受,忽视了风景的动观与心理方面的感受。

2. 英格兰——以景观特征为核心的景观评估

《英国和苏格兰景观特征评估导则》是 2002 年在《欧洲景观公约》的框架下编制的,被广泛应用于英国的乡村和自然优美地(Areas of Outstanding Natural Beauty, AONBs)这一类保护地的导则。通过该导则进行景观评估,可以较为严谨、系统化地记录景观特征,评估产生的结论可作为区域规划和管理的指导方针(林轶南,2011)。景观特征评估有益于环境保护与资源谨慎利用,因此,该体系不仅仅是为了纯粹的保护或利用,所涉及的价值评价也不仅仅是场地的存在价值,也包含了场地的使用价值。

该评价体系强调景观"特征"(Character),而非风景质量或价值,采用价值中立观点。特征(Character)是指景观中可辨析的要素持续的形式,使得一处景观区别其余景观,而不是简单的更好或更坏。特色(Characteristics)是指要素、要素的组合,可以为不同的景观创造特殊的贡献。要素(Elements)构成景观的个体组成。

特点是(Features)特别突出的、引人注目的要素，像团状树、教堂的钟、树木的天际线。特性描述(Characterisation)是识别区域的相似特征，划分和画图。英国景观评估经历了三次变化，20 世纪 70—80 年代中期英国开始关注景观价值，并且采用定量的方法进行评估。80—90 年代中期，英国意识到景观有主客双重价值，开始关注景观的差异性对景观分类评价的影响，将人类对景观的感知纳入研究范围。从 90 年代开始，关注景观特色，将特色识别与价值判断分开，强调不同层面空间的利用，并且强调纳入利益相关者的需求(吴伟，杨继梅，2008)。

场地调查是 LCA 系统进行特征识别的环节，场地调查的目的是收集尽量多的信息：①描述特征。②识别美学和感官的质量。③辅助最终景观特征类型和区域的划分。④更新和拓展基本信息。在调查中，需要在图上标记和提炼景观特征的边界、游览的路线、调查视点的位置、显著和突出的特征及其余相关信息。

载体与特征：在场地调研中，识别了景观特征与载体(要素)的关系。例如，"围合的"景观特征，与现有丛林形成的是景观特征与载体的关系；此外，在现场调研中，识别了对荒野、光质量、对美和风景吸引物的感知以及非视觉的感官要素。在评价中考虑与审美相关的要素有：平衡和比例、尺度(主要观景点、围合程度、高度、距离)、围合度、肌理、色彩、多样性(至少有多少种类型景观、它们之间的组合、变化的好坏)、整体性、形式(场地的形状、森林、线性空间、地形)等。评价：通过 LCA 系统能够科学地分析出规划区域的景观特征，景观特征评价体系的作用在于以下 5 个方面：①以案头工作和现场调研结合的方式识别场地的自然文化信息，并且通过载体—载体特征识别的方法，较为客观、严谨地识别出景观特征，以景观特征案头研究、现场划分、档案记录、文字描述的形式展现。②监控场地环境变迁。③识别场地不同景观特征的环境容量和敏感度(张柔然，2011)。④不仅仅只关注了美学形式，也关注了生态系统、社会系统及人与自然的关系。⑤原住民在整个特征评估及保护措施制定的过程中，参与力度很高，较为充分地纳入了利益相关者的价值判断。但此评价体系在评价过程中，主要还是从风景资源利用角度出发，并不能完全作为风景资源严格保护的依据。虽然在风景资源识别时分为大区、郡、地区三个不同的层次，对地区景观特征判断时也非常重视地方的价值和纳入利益相关者意见，但评价所关注的还是景观的风貌特征，对于文化价值的判断、社会价值判断较少。

3. 威尔士风景评估——地图化的评估

威尔士风景评价是土地评价 Landmap 系统之一，评价后的结果要与系统中的其余 4 要素(地理、栖息地、历史信息、文化景观)叠加来决定保护和建设措施。威尔士的景观评估体系与 LCA 较为接近，主要从视觉以及风景物理属性的角度，如地形、土地覆盖以及特殊区域土地和人工环境的协调来评价风景的美，同时也考虑听觉、味觉、触觉。评价标准为美学和审美感知的标准。

评价分为 5 个重要步骤：①视觉与感官区域的识别与绘制。②各方面的数据收集、回顾和描述。③根据各方面的数据收集、评价和推荐、识别可接受的改变。④技术报告。⑤质量验证。在第 1 步视觉和感官区域的识别与绘制中，在 4 个层级对景观进行识别，4 个层级是从宏观尺度到中观再到微观尺度。总体上应该遵循这种分类，但是如果有评价导则列表中有不包含或不完善，而现实中又有实际问题的部分，编制机构可以自行补充，应包含详细的条文说明。在评价体系中，分为客观要素指标和审美判断指标。客观要素所考察的指标有：地形形式、土地覆盖模式、聚居模式、边界类型。审美指标包括比例、围合度、多样性、肌理、线性、色彩和对比度、平衡、单元、样式。此外，还有一些其余指标的要求，如人类可进入度、光污染、建设材料、吸引力以及其余感官要素、特殊性。自然要素、审美要素、其余要素之间没有非常紧密的联系，三者之间是并列关系。

将自然要素、审美要素和其余要素评价的结果进行叠加后得到风景的评价。评价标准从几个方面考察，风景质量、完整性、特征、稀有性。“风景质量”是有易于观看的场景具有如绘式的效果和一些具有审美愉悦的元素。“完整性”是指区域内一般没有大规模受污染或有碍观瞻或其他不和谐建设和发展。“特征”是指该地区应该有一个鲜明的共性，包括地形和视觉的统一、明确的地方感。“稀有性”指该地区应该展现出对于视觉和感官既罕见又珍贵的特质。综合上述 4 个分项评分后得到总体得分，分为 5 个等级。“突出”是指具有国际和国家重要性的。“高”是指具有地区和州重要性的。“中等”是指具有地方重要性的。“略低”是指少量或者没有重要性的。“不清楚”是指没有足够的信息来支撑评估。

此外，该系统还评价风景可接受的改变。可接受的改变包括：①景观特征、尺度、地形和垂直要素等景观吸收的内在潜力。②从知觉和特殊视点考虑的景观敏感度。③发展的尺度和延伸所造成的影响幅度。经过上述三个步骤，最终形成 Landmap 视觉、感官评价技术报告，为风景规划保护与开发建设所用。

4. 澳大利亚遗产地——注重感官的评价

澳大利亚的遗产审美价值识别在国家层面已有相应的规定。在《巴拉宪章》中这样定义审美价值及其准入标准：“审美价值涉及一个地方感觉和知觉，与视觉和非视觉的要素如声音、气味和其余对人类思想有很强影响的要素相关。”在考虑遗产是否具有美学价值时，通常要问以下几点：

- 是否具有激发或唤醒强烈感觉和特殊意义的自然和文化特征。

· 场地是否有特殊的特征能成为杰出的视觉标志。

· 场地是否有历史感、悠久的历史或时间厚度？是如何表现出的，所体现的范围和程度？

· 以审美质量而著称？是否激励艺术或反映文化，表现出艺术、戏剧、照片、文学、乡村艺术、民俗学方法或其余图像。

· 是否具有突出的构成，如整体、空间、色彩、声音、形式、肌理、细节、运动、气味等的构成？这些构成和要素如何拓展了审美价值重要性？

此外，在国家层面也规定了地方审美价值的定义和准入标准。社区的审美价值包括感觉、感知（视觉、触觉、听觉、味觉、嗅觉），还包括景观的形式、尺度、色彩、肌理和材质，相关场地的声音和气味。

澳大利亚审美评价的评价哲学、逻辑以及方法都与英国 LCA 系统非常接近，但近些年来也出现了顺应世界遗产标准 vii 的识别与评价方法的倾向。这种方法较之于 LCA 更加注重清晰阐释审美价值、载体及其特征，建立了价值与载体及其特征的对应关系，有较为清晰的识别程序，更加注重敏感度识别。所识别的结果有利于建立保护对象。在识别中不仅重视专家（规划团队）所识别的价值，也非常重视游客、社区居民等利益相关者所识别出的价值。并且通过一些调查方法使得利益相关者的价值通过载体特征描述、载体识别等方法，体现在最后的审美价值识别结果中。

识别步骤如下：

第一步：划定范围。

第二步：选择视角（全景、水平面、水下）。

第三步：识别环境载体的类型，识别了物种、生态系统、生物类型等。

第四步：识别体验载体的类型；并对每个载体的积极和消极方面做了说明。

第五步：列出所有利益相关者的数据、数据来源、载体及特征。对不同群体对审美的描述进行排序；并通过质性研究方法将各利益相关方最终的结果进行呈现。

第六步：列出强烈反映审美价值的场地（特征场地）；这些数据可能来自专家或社区。

第七步：列出展现突出普遍价值的证据，这里包含一些图纸的绘制。仔细分析证据（包括图像、不同的媒介下所展示的美、场地的案例、环境载体、体验载体）。

第八步：威胁及敏感度识别。

其中敏感度识别的过程为:识别行为—影响因素(威胁)的识别—风险(可能发生的或已经成为结果的)—自然影响—对载体的影响—确定敏感度(运用敏感度)—结合风险和敏感度定义影响级别。整个评价过程概括为图 1-4。

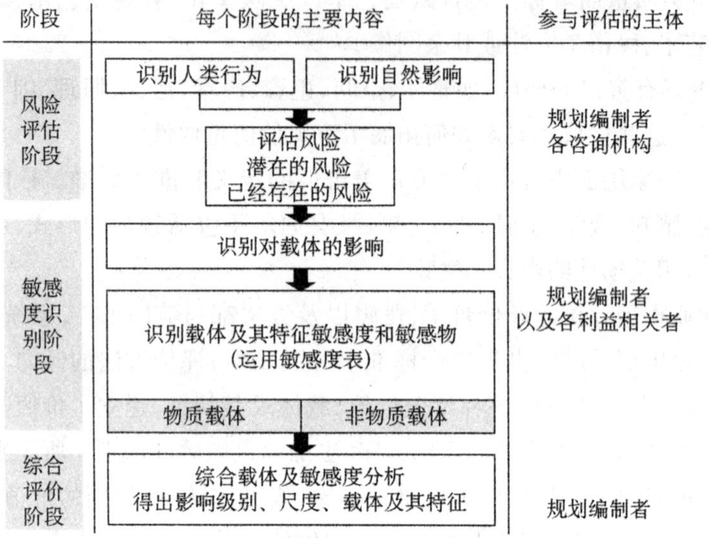

图 1-4　大堡礁世界遗产地审美价值敏感度识别过程

其中对于某要素敏感风险和敏感度的判断需要借助于风险敏感度综合分析表。识别存在风险的活动类别,并对不同类别的风险,对环境造成的影响、风向等级、涉及范围、具体影响的载体进行说明。

5. 世界遗产标准 vii——逐渐走向定量的评价

世界遗产标准 vii 是联合国教科文组织用以提名自然遗产时评价审美的一条重要标准。通过对标准 vii[①] 发展变化历程的研究,发现标准 vii 大致经历了三个演化过程(表 1-10),得出以下结论:1983 年,将独特的、罕见的修饰词及说明性的"自然特征(如河流、山岳和瀑布),动物聚集呈现的奇观,自然植被所呈现出的辽阔的景色和特殊人与自然的元素"从前标准 iii 中移除。1994 年,将自然和文化的特殊组合从前标准 iii 中移除,后酝酿形成文化景观标准的指标,放入文化的标准中。1996 年大会规定,如果仅满足第 vii 条标准的世界遗产将不再仅以此标准列入。2005 年从自然遗产标准 iii 变为世界遗产标准 vii。

① 英文原文:To contain superlative natural phenomena or areas of exceptional natural beauty and aesthetic importance.

表 1-10　标准 vii 用词的变革

操作指南的时间	标准文字	阶段及列入遗产的数量
1977 年 9 月	(iii) 包括完整、罕见或最高级的自然现象，构成和特点，或特殊的自然美景，如最高级的对人而言的生态系统重要性，自然特征(如河流、山岳和瀑布)，动物聚集呈现的奇观，自然植被所呈现出辽阔的景色和特殊的人与自然的元素	第一阶段(1976—1983) 38 处世界遗产地以标准(iii)及完整性列入
1983 年 9 月	(iii) 包括最高级的自然现象，构成特征如，杰出的、重要的生态系统，特殊的自然美景或特殊的自然和文化元素的组合	第二阶段(1983—1994) 1988 年意识到自然和文化要素不可分割。所以有三处遗产地以混合遗产的形式列入 47 处世界遗产地以标准(iii)及其余标准列入
1992 年 3 月	(iii) 包括最高级的自然现象，过程和特征，如杰出的重要的生态系统，特殊的自然美景或特殊的自然和文化元素的组合	
1994 年 2 月	(iii) 包括最高级的自然现象或具有特殊自然美的和美学重要性的地区	第三阶段(1994—2011) 1994 年开始，所有的标准都不再提人与自然相互作用，一并放入到文化景观中。完整性应该是相对完整的生物物理过程和地貌。人类活动应该与地区的 OUV 和生态过程一致。48 处世界遗产地以修改后的标准(vii)及其余标准列入
2005 年 2 月	(vii) 包括最高级的自然现象或具有特殊自然美的和美学重要性的地区	
2011 年	(vii) 包括最高级的自然现象或具有特殊自然美的和美学重要性的地区	

(来源：Thorsell, Initial draft IUCN study on criterion vii, 30 May 2012)

6. 世界遗产对标准 vii 的运用状况

截至 2012 年 4 月，有 131 处遗产地以标准(vii)列入世界遗产。其中有 8 处是仅仅只以唯一一条标准(vii)列入的，其余都是与自然或文化其余标准混合列入的。109 处自然遗产和 22 处混合遗产，中国有 10 处世界自然及混合遗产列入。有 3 处自然遗产仅以唯一一条标准(vii)列入，它们是九寨沟、黄龙、三清山。近些年来，标准 vii 的运用的次数在持续减少并且是下降最明显的。现在已经形成生物地质框架，可以作为最高级别的自然现象的判断标准。

对于标准 vii 的理解分为两部分。第一部分：绝妙的自然现象，"Superlative Natural Phenomena"。在这部分价值识别时，从对已经列入的世界遗产 OUV 陈述

看:①可以进行定量研究。②注意比较研究时要讲清楚比较的背景。从目前已经列入的遗产陈述看,涉及这个描述主要有三个方面:

动物聚集和大规模的迁徙,例如 Monarch Butterfly Biosphere Reserve (墨西哥)生物和地质过程,例如 Lakes of Ounianga (乍得),复杂的地下水系统构成了“绝妙的自然美现象”。自然特征或多种综合特征(Natural Features or Combinations of Features);如 Angel Falls in Canaima National Park (委内瑞拉),世界上最高的瀑布;Lake Baikal (俄罗斯联邦),世界上最深的淡水湖,Mt Sagarmatha (尼泊尔),最高的山峰,注意在陈述的时候要谨慎,阐明支撑“之最”的依据,陈述切记走上“吉尼斯世界纪录”的误区。IUCN 认为中国丹霞价值的陈述是值得借鉴的。

第二部分:特殊的自然美和美学重要性,“Exceptional Natural Beauty and Aesthetic Importance”;关注物理景观(地球的表面特征,如海拔、边坡、肌理、水的存在)不同的自然特征以传达审美价值,个性化的特征,特别是在一定的区域内呈现出数量多、密度大、变化丰富等,也可以作为审美价值的判断标准之一。与独立的自然特征、景观物理特征以及相关特征(文化、社会的相关性)是紧密联系的。

第三部分:审美的认知途径识别。基于审美价值产生和作用的机制,识别主体及所受文化、社会、历史背景,搞清楚审美价值产生的大背景,并对审美认知的方式进行识别。

第四节　现代审美评价的理论研究与实践

一、我国审美价值识别理论

自唐宋以来,对山水形态美的描述就陆续出现,一些学者概括为雄、奇、险、秀、幽、旷、奥七大特征。“雄”是指海拔相对高度、植被分布特征、精神渲染特征,“雄”同时也具有复杂性和差异性特征。“奇”是指罕见度,泛指山水形态、状态、成因等以及这些的组合罕见。“险”是指山水的自然成因、空间氛围营造给人造成险要之感,如亭台楼榭的选址等。“秀”是指山形水系、植被特征给人秀媚之感,且可进入度高。“幽”是指观赏者所在的位置、空间围合度给人所造成的感觉。“旷”是指景观开阔度,受边界的高低与景域的宽窄、景域地面的坡度、山坡的朝向、焦点的清晰程度,以及其余的一些因素如气象等影响。“奥”是指空间封闭度强弱。

有关专家总结名山风景区的特征为自然性、时空性、科学性、和谐性、综合性。①自然性是指风景区以自然为基础，其生态性和科学性是美学鉴赏的基础。②时空性，风景的空间变化，往往与时间紧密地联系在一起。③科学性是指美的自然景观，往往也是具有自然科学价值的典型景观（谢凝高，2001）。因此，风景美与风景科学是紧密结合的。④和谐性，人与自然的和谐协调，是风景审美的出发点和归宿。天人和谐，既是哲学思想，又是科学规律。许多审美意境的产生的前提是与美景融为一体，做到天人合一。⑤综合性，任何一个山水空间综合体，都是由作为第一系统的自然和作为第二系统的人工环境有机融合而成。任何一个景区、景点、景物都是有机的组成部分，不能孤立地看待（周维权，1990）。

二、我国审美价值识别研究

国内景观资源调查与评价的研究集中兴起于 20 世纪 60—70 年代，形成了风景审美评价的一些方法。刘滨谊从宏观到中观再到微观，对风景进行了分类研究。主要从风景视觉分析和景观工程营造的角度入手，建立了从最宏观层面的景（及时性跨文化偏于视觉满意度的评价），到中观层面的景域（持久性的地域文化的作用，侧重于地理风景客体评价），中观层面的景场（文化传统、个体经验、时令变换，侧重于风景环境规划），再到微观层面的景秩（景点连接、游线设计、主客体结合，分析风景时空序列）的评价体系，形成风景信息检索—分类—审美评价的风景资源调查评价框架。并且重点对景秩层面的风景旷奥度测度的评价进行了研究，包含景深、景场中空间的介质、景场空间限定和相对高度、景场范围与天穹、景物表面风景元素组成、景场表面地形起伏等，观赏者所处地势、朝向、观赏视角、景场的明暗等测度，并以三清山为例进行了旷奥度分析，得出了三清山旷奥度的空间分布（1991）。该研究主要从视觉角度，从人对风景生理感受及风景获得的方面展开。受到西方风景评估的影响，优势是从风景画的角度，较为清晰地解释形成并影响视觉景观的人为、自然要素以及它们之间组合后所得到的审美价值。一些学者则提出从景观价值和视觉感知的角度进行景观评价。景观保护的判定指标通常有景观美景度、景观脆弱度和景观阈值。景观美景度是测定公众审美态度的度量值，评价方法为组织不同类型审美主体对若干观景点位上拍摄的图像资料打分（肖笃宁 等，2006）。此外，一些学者研究了景观阈值，用它来评价景观质量和可接受干扰的程度。景观美景度与景观阈值是进行景观质量综合评价的主要指标，也是确定景观保护等级的重要依据（俞孔坚，1991）。景观的美景度高则景观质量好，进而阈值可能低；反之，景观阈值越高，能接受的人类干扰和改变则越大。

基于风景本身的雄、奇、险、秀、幽、旷、奥七大特征，空间欣赏也自然存在景深、层次、借景、透景、障景、泄景等的情况，这是山岳空间的特点，较之于平原地带的风景区空间层次丰富。名山的审美鉴赏始终脱离不了山岳类风景区的典型科学性，理解山水的科学性有助于加深对山水美的认知。此外，审美主体所具有的文化意识与地域特征，造就了对名山意象之美的认识。意象之美是以山岳客体为对象，主体的审美情愫升华到了一定的高度所产生的融情于景的审美结果，它既有"象"的成分，也有"超然象外"的对"意境"的追求。

在《规范》中，审美价值是指具有一定风景质量，能构成审美要素的资源的价值，最接近的概念是"景源"。景源的概念包括景物、景感和相关要素这三个部分，如表 1-11 所示。由此可见，景源这个概念，既包含了自然要素，又包含了人文心理要素及相关背景要素。

表 1-11　风景(景源)构成三要素分析

	定义	要素
景物	风景的客观因素和基本素材，具有独立欣赏价值的风景客体	山、水、动物、空气、光、建筑等
景感	主观反映，是人对风景的体察、鉴赏、感受能力	视觉、听觉、嗅觉、触觉、味觉、心理、其他
相关背景要素	赏景主体与风景客体所构成的特殊关系	个人、时间、地点、文化、科技、经济、社会等

(来源:《风景名胜区规划规范》,1999)

《规范》指出:"景源评价就是寻觅、探路、领悟、欣赏、判别、筛选、研讨各类资源的潜力，并给予有效、可靠、简便、恰当的评估。"(《规范》,1999)景源评价按照尺度分为大类、中类、小类三个层次结构。"类型是按照景观特征划分的，大类分为自然资源、人文资源。自然资源的种类分为天景、地景、水景、生景；人文资源的中类分为园景、建筑、胜迹、风物。小类按照自然和人文资源分类型进行细分。"(《规范》,1999)

这种分类有利于展开景源调查，对不同类型的景源进行分类保护。但是对于审美价值的识别这种分类方式有明显的弊端，因为审美价值的认知结构和客体特征决定了审美价值具有整体性。首先，审美价值是主体作用于客体，客体的某些特征对主体需要的满足，因而审美价值的产生本来就是主客体共同作用的结果，不可能将主体与客体完全区分。其次，从审美客体的角度讲，审美价值又体现着客体不同要素综合的特点。一处审美场景是由色彩、形态、比例等通过一定的关系组合而成。一处审美场景可能包含了几个不同景观类型,并且这些类型不同的景观进行组合才能给人以美的感受。比如,九寨沟五花海是由海子(水景)、森林(生景)、钙华景观(地景)通过一定的比例组成的,其中任何一种景观都不能完整地表达五花海的美。所以按照景观类型的价值识别方法,将会割裂美学价值局部与整体的联系,容易产生以局部价值代替整体价值的错误。

风景区规划价值识别的结果为资源的分类、分级。但是,即便我们知道哪些类型的景源具有何种重要级别,也依然不能判断这些景源就是审美价值或审美价值载体。原因有两点,一是上文已论述了分类识别的结果不能作为审美价值,因为分类的识别缺乏对不同类型景观资源的整体把握。二是分级识别结果虽有利于确定景源的等级,但基于上文论述的审美价值载体特征识别方法混合了使用价值和存在价值指标,以及指标不完善的问题,所以,审美分级识别的结果也存在着不清晰、不准确的问题。因此,鉴于上述两个原因,《规范》中的审美价值识别结果不能作为名山风景区的审美价值。

第二章

中国传统山水审美特征及要素

西方一般用“风景”来形容美丽的景观，而中国古典审美中则常用“山水”“林泉”这样的词。有学者指出，西方“风景”的概念与土地的视觉性与领域性有关。在欧洲语言中，和“风景”一词同根同源的是 pays，paysage（在法语中称为土地或景观），英文则是 land 和 landscape，德语中类似的对应的词有 landschaft，landshap（弗朗索瓦·朱立安，2011）。由此可见，风景这个概念与土地、领地、田园之间有着千丝万缕的联系。风景是人们所见的特定的土地视图，是从一点或者某些视点上看见的呈现在取景框中的内容。而中国传统审美中的“山水”概念却与西方的风景不同。山、水所指代的实则为天地万物（弗朗索瓦·朱立安，2011）。在“山水”这个词中，没有主客体的界限，在山水这个概念中，人们所关注的不仅仅只有与视图、土地相关的要素，而是一个广阔的包含了人参与其中的自然，在这里有人、自然山水、动物、植物、事物、社会等。中国人对山水审美的理解实为“感知”与“思想”构成的映像，山水之于人而言，并不简单地作为独立的生态系统，而是理想化的倾注了自然存在、人性、伦理道德以及审美倾向的整体。山水作为人的审美结果，不单是自然本身的形，而是自然特征的文化解释。

风景对于西方人而言，具有土地性和视觉性，他们将自然本质化和客体化，因而促进了他们对于客体基本普遍的研究，是促成物理等自然科学发展的重要原因。而中国人对于山水的理解从来就是基于物我合一的整体，对于物质理解的非客体性导致了对于艺术形式的理解超越物质实体。客体被视为与主体是对等关系，山水并不是被观察的客体，客体一样能具有主体的感情与气节，中国的山水审美是主客体交融的结果。

第一节　中国山水审美的特征

一、山水审美中主体性显著

中国传统的山水审美是建立在主客不分的基础上，美与德在山水观中高度统一，同时存在于主客体之中。在没有界限的主客体中，主体外化、客体内化，人为山川代言，山川也成为人格的一部分。总体上讲，主体性显著是我国古典审美的一大特征。在我国传统审美中，审美主体绝不单纯地客观机械描摹自然，而是将客观景物化为主观情思，并以心匠自得为高。概括起来，我国传统山水审美理论中对主体论述的范畴颇多，论述涉及审美主体的价值观、审美态度、人物品藻等议题。审美"意境"的创构、气韵生动的形成，很大程度上依赖于主体的"澄怀观道"和"涤除玄鉴"。同为对象品鉴，因主体不同所创构的审美结果与意境也大相径庭。本书基于对中国古典美学中的主体理论的系统综述，将传统山水审美主体性显著概括为以下两点：

（1）传统山水审美中重视主体的品藻。

（2）在欣赏过程中，主体要不断进行修炼从而达到山水审美的高境界。

重视主体品藻的论述，最早可上溯到老子。老子的"涤除玄鉴"要求人们排除主观偏见，以平静的内心去进行审美关照。庄子的"心斋""坐忘"继承了老子的思想，强调人们要在一种"无已、无功、无名、无厉害"的状态下进行审美，此理论是最早的审美"心胸论"。他认为对"道"的观照虽然要借助于耳目等感觉器官，但要实现对"道"的观照，只能通过虚空的心境，没有虚空的心境，也就难以获得对"道"的觉解。孔子的"比德"思想，使得人物品藻的"美"与"德"同自然山水之美联系起来。宗炳的"圣人含道映物，贤着澄怀味象"，其中"道"是圣人在味象之前所形成的自然观，"映物"是指圣人本着这种认识观去体察世界，从而实现"道"的觉悟。"映物"与"味象"都只能是圣人和贤者所为。

主体要不断修炼才能获得山水审美高境界的理论有宗炳的"澄怀味象"。"澄怀"和老庄的"涤除玄鉴、心斋坐忘"一脉相承，作为对主体的要求，认为主体只有怀着虚静的胸怀观赏山水才有可能实现"味象"。"味"的概念继承了老子的美学，不是简单的味道，而是指某种精神享受和精神愉悦。"味象"的最终目的是为了"观道"。所味之"象"并非客观世界的实在，而是融"灵"于"形"的象，以"心"的作用牵引审美行动的改变，使得审美的结果绝不仅仅停留在象的层面，而是通过"象"最终指向"道"。品质较高的山水审美结果都不仅仅囿于形，而是要最终表达形之外的"灵"。王微《叙画》中的"神飞扬，思浩荡"①指主体审美应该具备的素质与状态。梁启超的审美"趣味"，认为审美趣味人人皆有，美蕴涵在生活要素中，提倡日常的审美教育。王国维的"有我之境"与"无我之境"是依据叔本华的美学发展而来，认

① 王微《叙画》中有言："望秋云、神飞扬，临春分、思浩荡。"是指主体只有本着澄怀的心态去体味山水，才可能产生高品质的山水审美。

为当审美主体产生优美感时，主体就会自失于对象之中。因此可知在我国古典审美理论中，要想达到最高的审美境界，主体应该做到“忘我”“澄怀”和“涤除玄鉴”，只有这样，主体方能实现对宇宙万物“道”的领悟，才能产生山水审美中的“意境”。

二、山水审美中情景交融的主客体关系

宗白华认为，“在一个艺术表现里，情和景交融互渗，景中全是情，情具象成为景”(2008)。情与景的交融互渗，实则为主客体的交融互渗。在我国传统山水审美中，主客不分，这与西方风景审美的主客二分截然相反。在山水审美中，山水与审美主体是伙伴关系，在这对关系中，没有观察和被观察之分。在中国人看来，万物皆是风景，是无法被客体化的，因而主客之间没有清晰的界限。石涛有言：“山川使予代山川而言也，山川脱胎于予也，予脱胎于山川也。山川与予神遇而迹化也。”从这段话中我们几乎难以分辨山川与画家的界限，在每句话每个情节中都整体交融在一起。又如辛弃疾的“我看青山多妩媚，料青山看我亦如是”。在这里，青山被人格化了，青山与我是平等关系，当我在看青山时，青山也在看我。山水有了性情，自然山水即是我性情的载体，山情即是我情。再如张璪的“外师造化，中得心源”，对于一个完整的审美过程而言，并没有明显的主客体之分，却只有审美的“内外”之分。而这样主客体共融的审美宣言广泛存在于我国传统山水审美理论中。因而在中国传统山水审美理论中，当主体面对山水时，任何的分化甚至任何分裂，都会在主客体的相互吸纳中消散。

三、山水审美中以大观小的欣赏方式

所谓“以大观小”的欣赏方式是指在审美欣赏中的一种“游观性”。沈括在《梦溪笔谈》中解释：“以大观小，如人观假山耳。”沈括认为画家画山水，并不应该站在一个固定的视点来画，而应是用心灵的眼，笼罩全景，从全体来看部分，就像人在看小假山一样，因而他用了“以大观小”这样的比喻。中国传统山水绘画中展现出了极强的“游观性”，这种性质在绘画画幅的选择，构图成景的方式方法，以及引导观者赏画的方式中都能体现出来。“游观”这个词最早见于郭熙《林泉高致》，谓之山水“可居、可游、可观、可赏”，郭熙认为自然山水需“以林泉之心而观之”“身即山川而取之”，还需“饱游饫看”。郭熙在《林泉高致》中指出，山水存在时间和空间上的变化，系统地总结了人在游赏山水时的几个经典视角，并提出了著名的“三远”理论，谓之“高远”“平远”“深远”。仰山巅、窥山后、望远山，观者的视线是流动的、转折的。正如宗白华(2005)所说：“中国绘画中由远就近，由近知远的空间意识，已经

成为我们宇宙观的特色。"韩拙在郭熙"前三远"基础上，发展出了"后三远"理论，谓之"阔远""迷远""幽远"，被视为平地上的山水由近及远的空间移动(许晓青，2014)。

由此可见，中国绘画所表现出的是大自然的和谐与完整。对于山水审美的观照始终指向整体的涌现，虽然也通过上下左右、前后的空间观察与体验来实现。然而，山水的美绝不仅仅拘泥于某一视点的视像，而是"饱游饫看"后的整体涌现，因此"以大观小"的游观方式已经形成了中国山水审美区别于西方风景审美的独特之处。

四、山水审美中虚实相生的审美结果

虚实相生的审美结果基于"情景交融"的主客体作用关系。正因为主客体共融的特殊性，非常便于主体在山水审美过程中将主体的品德与性情赋予客体。中国山水审美结果是由"神"而驱动的，因为"气"的存在，使得一切存在都彼此交融在一起。基于此，我国山水审美的结果既有"虚实相生"的"象"，又有主体迸发的"情"与"神"，还有审美达到最高境界所体会的"境"。中国古典审美，大致都会经历从"象"到"境"的发展历程，这也是审美在不同层次的认知结果。从初级的"象"到中级的"意象"再到最高级别的"意境"，审美由低到高，逐渐上升。

在我国古典审美中，"象"不仅局限在物象上，而是突破了有限的"象"向无限突进。我国古典山水审美的形象是"实"，引起的想象是"虚"，由形象经过想象产生意象的过程及结果是"虚实相生"。古典审美的"实象""想象"结合在一起，"虚实相生，无画处皆成妙境"。极大地提升和丰富了审美感知和认知，这是我国古典审美里最引人入胜之处，也与西方以"形"为主的较为单一的审美结果形成了本质的区别。

中国人对"象"的认识不同于西方人所认识的"形"。《周易》中"观物取象"，所取之"象"并非为对象的真实或照相，而是一种虚实相生的"象"，是经过抽象以后的符号。"象"这个范畴在先秦最早被提出，在魏晋南北朝时期转化成为"意象"。有学者认为，这个审美范畴在魏晋就已经取得了意和象、隐和秀、风和骨等多种规定性，内涵得到了极大的丰富(叶朗，1985)。最早在美学上定义"象"的人是谢赫，谢赫的"取之象外"，意思是说突破有限进入无限之"象"，这是一种虚实结合的象，"意象"实则为形象和情趣的契合。"澄怀味象"是南朝宗炳在《画山水序》中提出的重要美学命题，也是全新的审美关照方式。他受老庄的影响，认为主体在"澄怀"的基础上才能"味象"。他所指的"象"绝不仅仅是具体的形象，还附带了审美的情感和愉悦。

在唐代，“意象”这个审美范畴已经被广泛应用，但唐人并没有停留在“意象”这个概念上，而是创造了“意境”的概念，从而诞生了最为重要的“意境”说。代表人物有王昌龄、皎然、刘禹锡、司空图等人。王昌龄最早在《诗格》中提出意境，并将其视为美学范畴。在《诗格》中境分为三类：“物境、情感和意境”，这三类对景观的界定。刘禹锡、皎然对“境”有一定规定，认为“境”生于“象”外。“境”这个美学范畴的出现，使得我国古典审美的层次和深度进一步升级，脱离了独立、有限的象，从而形成了气韵生动的造化自然。“取境”是从艺术家从客观的“境象”中，通过“神思”，将心的关照与境结合，从而得到审美结果。即王昌龄的“以境照之，心入于境”。“虚实相生”的审美结果已在古代绘画、音乐、舞蹈等艺术领域被表达得淋漓尽致。中国山水绘画中的“计白当黑”，在画面中讲究留白，如马远、夏圭等人偏于一隅的构图，形成了画面上大量留白，使得观者能够发挥足够的想象去丰富画面中空白的空间。画中空白可为云霞雨雾、湖光山色或其他，具有无限的可能性，这是画中之“虚”。古典诗文中更是将实在的“象”，通过记忆、感情、想象的诗文理法，转化为更高一级的“意象”或“意境”。

总之，西方审美是以模仿自然为主，形式与内容成为西方美学关注的焦点。在康德的美学体系中，明确地将主体和客体分开，他在将审美作为与认知和伦理并存的体系进行研究时，强调一种“纯粹审美体系”，将审美与实践剥离开来，认为审美的主体在一种“无厉害性关系”下进行的审美，美感的产生是因为客体“合目的性”的形式被主体感知并且经验，产生表象，即所谓的“形”。在西方的审美观念中，人与物、心与境是相互对应的。主观、客观问题始终支配了西洋哲学思想（宗白华，2005）。也正因为如此，西方审美中发展出了一套理性认知审美的方式，认为客体具有“实体特征”，关注客体的空间、质料、颜色、形状等，并最终导致了对客体类型化、学科细分、甚至是定量的研究。随着人类学、审美心理学、人文地理学、生态学等学科的发展，西方风景审美中相继出现了诸如“瞭望—庇护”理论、“反映—刺激”等审美研究的理论及方法和基于这些方法的审美定量研究和评估标准。

而中国传统山水审美中却强调主客相融。主体和客体的界限，在一次次地“化景物为情思”中消解。正是这种主客两化的频繁交融，使得山水审美的客体被赋予主体的品德与性情。山水客体不再是一个简单的物象，山水审美的结果呈现出层次性和虚实相生的特点。而中国传统山水审美中习惯“以大观小”的游览方式，使得中国山水审美的空间意识并不仅局限于从一个个视点上破碎地认识山水，而在时空中徘徊移动，游目周览，集合数层与多方的视点谱成诗情画境（宗白华，2005）。

在审美结果上，西方风景审美重视“形”，而中国的山水审美重视“神”。西方的风景审美以实象、线条、形式的鉴赏为目标，关注审美中与物理实在、土地以及现实相关的部分。而中国的山水审美，“虚实相生”的“象”是诗文、艺术、戏剧中的普遍追求，但中国审美结果并不满足于对“实象”的理解，对“象”和“意象”的理解都指向终极的“道”，审美的终极目标是为了达到“意境”和实现“气韵生动”，最终实现主体的超脱。而中国画中的计白当黑，书法中的动荡空灵，以及诗文创作中的抟虚为实，正是这种“虚实相生”之象的表达，超越了有限的时空，形成了无限宇宙的理解。

第二节　我国传统山水审美的要素阐释

我国传统山水审美中涉及多个要素。基于上述山水特征的阐释，中国传统山水审美的特点表现在主体性强，特别强调审美主体品藻和审美品位；主客体关系情景交融；欣赏方式以大观小；审美结果虚实相生，审美过程始终是一个动态变化的过程。

中国山水审美中所涉及的要素有：道、德、理、术、用、制、象、气、悟、境等。其中，“境”是本书阐释的关键。

以下阐释山水审美中所涉及的关键要素。

一、山水审美各要素阐释

“象”在中国传统山水审美中是核心要素，该要素既具有审美客体的性质又具有审美主体的性质。通过对古代文字及审美典籍的梳理，“象”在古代文字中具有客观物象、抽象联想以及符号、想象这几个层面的含义。在“象”中，造化的客观属性明显。审美之“象”是所有与人类审美生理感受和审美需求相关的概念集合，其中与身体感受相关的内容包括视象、声象、触象、嗅象和味象，与身体需求相关的包括空间、材料、设施、结构等（杨锐，2014）。“象”既可以是审美的客观对象，同物象，表示审美作用还未开始的前期阶段；又是审美主体通过感官作用于客体后产生的审美结果，如视象、声象、触象、嗅象和味象等，还应该包括与人们心理、情感等与物象作用后产生的意象、想象、联想等。“形”是与“象”近似的概念，形多用于传统绘画领域，多指画面表现与形式等。

“理”指事物所暗含的规律和事物本身存在标准的集合。标准和规律不是外力加予事物的，而是蕴涵于自然中，且人本来应该依照的。“象”“形”“理”是具有客体性质的要素，与审美的初始阶段紧密相连。当审美进入高级阶段后，相继作用的要素有“德”“术”“心”“性”“情”“思”等。“德”与主体的品味、品藻以及价值观紧密联系，是审美过程中价值观及价值判断的集合，是人们在审美中关乎于伦理、社会、是非曲直的判断。当审美主体怀有此种价值观审美时，所产生的价值判断会直接影响到审美的结果。基于我国古典山水审美主体“心胸论”等方面的特色，因此该框架中的“德”主要强调主体山水审美的情操，如“涤除玄鉴”“比德思想”“澄怀味象”等，审美主体所持有的价值观应该是优秀先进的。本书中“德”的探讨具备两个维度，一是倾向与目标，二是高低与评价标准。价值观一旦形成，则具有相对稳定性，但也会随时代的改变而改变。

“术”是审美主体进行审美的方式方法的集合，在审美中可以被理解为审美的主客体作用模式。在中国传统山水审美理论中，不乏对“术”的阐释，“饱游饫看”“迁想妙得”①“游观”等都是传统山水审美中的重要方式。“意”是所有与人类心理感受和需求相关概念集合，与“性”和“情”含义相通。包括情感、记忆、意义和文化。在山水审美中，意的范畴广泛，包含了感知、理解、想象、判断、审美能力、审美趣味等。审美经由心、性、情、思、意的作用，从中级审美层次转向高级审美层次。

在高级审美层次中，参与审美作用的要素有气、悟、神、道等。“气”是传统审美中的核心概念，“气韵生动”是中国审美标准中的终极理想，艺术审美的实现是阴阳二气在聚散、屈伸、进退、浮沉中所形成的。因为气的存在和催生，使得中国传统山水审美的结果容纳了强烈的主体性，审美结果具有虚实相生的特点。古代画论中有大量且丰富的对于“气韵”的阐释，荆浩认为：“气者，心随笔动，取象不惑；韵者，隐迹立形，备仪不俗。”北宋的郭若虚有“气韵生之论”，认为气的清浊直接影响到诗歌的风格；董其昌认为气韵的获得有生知和后学两种途径（葛路，2009）。在古代，各个朝代对“气韵”的理解也有所不同，在六朝至唐，气韵主要指客观对象被表达的灵活程度和精神状态，而到了宋代，则指画家作画的气势与品藻，明清时期则更加突出气韵的主体品藻性，尤其是明末的画家讲求静气，认为笔力外露、躁动等都是作画所忌讳的。由此可见，“气”在中国审美过程及审美作品结果品评中的重要性，是审美框架的构建必须包含的要素之一。气韵是中国山水审美中的一个重要范

① 迁想妙得由著名画家顾恺之提出，提倡画家和描绘对象间的主观和客观的关系。画家在作画前，首先要观察、研究描绘对象，深入体会，揣摩对象的思想情感，这是“迁想”。经过分析、提炼后，获得了艺术构思，这就是“妙得”。将山水也列入了迁想妙得的范围之内，表明中国的山水画论从诞生开始就不同于自然主义的艺术观，不仅要再现大自然的美，还要寄寓作者的情。

畴,"道"生"气",或说"道"即"气",二气浮沉、聚散、屈伸、进退的变异,是审美发生及形成结果的必要条件。

"悟"是中国传统审美中又一重要概念,"悟"也是中国传统山水审美中所独有的状态。"悟"是指对美瞬间的觉解,是一种偶然的状态,是审美经验的涌现,心与神会的一刹那,如禅宗中所说的"顿悟"。"悟"在很大程度上等同于灵感,作为心理状态的灵感往往不请自来。古今中外与"悟"类似的阐释还见于柏拉图的"入神说"、杜甫的"诗来觉有神"、陆机《文赋》中的"开塞论"、刘勰《文心雕龙》中《神思篇》的"神游遁心"①。朱光潜(1980)认为灵感大半是潜意识中所酝酿成的内容猛然涌现于意识。马斯洛提出了灵感的高峰体验说(Peak Experience),认为灵感是"启示、萌发、豁然开朗、片刻狂喜的时刻"。钱学森认为,灵感思维与有意识的思维和逻辑思维相并列。由此可以总结,中国传统山水中"悟"是"心物相通"的瞬间所产生的结果,具有涌现性、短暂性的特点。中国传统"神觉说""养气说"都是创造"悟"的途径。

"神"是审美时的一种状态。"神"具有传统山水审美的特征,因为"神"的作用,使得审美突破"形"的束缚,由样态审美向终极审美转换。美由形似转而进入神似,进入审美的高级阶段。中国传统绘画讲究以形写神,"神"是宇宙中生命本体所在。

"道"是审美的终极目标,也是审美的最高境界,道是超类的。"道"是山水审美中顿悟和觉醒的集合。此"道"的含义与庄老哲学中的"道"相通,是指人生的终极圆融状态。道的认同,是审美的最高层次。中国古典哲学视"道"为生命之终极本体和遂成万物的运动规律(蒲震元,1994)。中国艺术意境中对"道"的实现是通过对现实的领悟得以实现的。

而保证审美发生及作用的是"制"。在我国山水审美中"制"可以概括为以下集合:制=(审美心理场、审美心胸论、审美主体各要素的相互关系、审美作用条件)。其中审美心理场是指潜藏在民族内心深处的,集体无意识的心理情节。比如东方人在山水审美中对于"布白"的欣赏能力,对于"虚实关系"的领悟能力。审美心胸论是指个人的审美及品德修为,审美主客体要素及相互作用的关系及审美条件也是"制"所包含的内容。主客体要素的相互作用关系中的"制"是主体在审美时与客体所建立的特定关系,比如通过步行与饱游饫看这种方式去体验审美,这种步行体验空间的创造,就是"制"。而在山水审美中,客体要素的相互作用关系也称之为"制",因为有了这些相互作用关系,使得审美客体组成的要素能成为审美的对象。总结起来,"制"是审美过程发生、发展和演化的各种条件及

① 《文心雕龙》中《神思篇》,"枢机方通,则物无隐貌;关键将塞,则神有遁心"。

关系概念的集合。

当审美过程完成后才体现出"用"。"用"是审美结果对审美主体满足从而实现的某种功能和用途相关的概念集合。总结起来，"道、德、理、术、气、悟、神"是主体通过一定的修炼才具备的主体能力，主体通过对自然规律的探究、对道德标准的适应、对方法的运用、对心性的陶冶，对人生大道的参悟，最终实现悟道、习德、知理、尽术、养气，才能完成审美过程的各个环节，并且确保审美结果的质量，上述要素是审美的社会属性。山水审美达到高层次获得的意境与境界是对审美"道"的反映，高层次山水审美的获得需要经由"气""悟"等环节的作用。对客观对象的观察和解析是对"理"的分析；在审美时所采用的方法是"术"；"象"是相对于主体而言的客观对象和审美不同时期产生的结果；而山水审美主体所具有的情感和文化是审美之"意"。

二、山水审美之"境"

宗白华(2008)曾指出，"意境是中国文化史上最中心最有世界贡献的一方面"。"意境"与其他中国美学重要范畴相互辉映。汉传佛教中的"禅境""华严境"、藏传佛教中的"坛城"等概念，都从人文科学的诸多领域，尤其是在哲学、美学、文学、绘画和宗教方面一再论证了"意境"是我国文学美学轴心上的核心范畴和理论(杨锐，2014)。为了进一步把握"境"这个美学范畴，本书提取中国古典审美中重要的文论、画论中有关"境"的用法和阐述，并进行分析，探究"境"在审美中的含义、用途与所指。所选取的论著及与"境"相关的要点如表 2-1 所示。

表 2-1　与"境"相关的古典文论、画论及观点

作者	论著及与"境"相关的论点
荆　浩	《笔法记》"景"的概念，景通境
王昌龄	《诗格》"诗三境"
皎　然	《诗仪》《诗式》"取境"
司空图	《二十四品诗》"实境"
笪重光	《画筌》景与境，妙境，以及境的多种用法
布颜图	《画学心法问答》对于"境界"的解释
唐志契	《绘事微言》中指出意境含有意与境两方面的内容，前者指"意中之事"，后者指"眼前之景"，"意境"是主客观因素融合之物
郭　熙	《林泉高致》中郭熙首次在画论中提出了"境界"
董其昌	《画旨》"取其境"

（续表）

作者	论著及与“境”相关的论点
石　涛	《大涤子题画诗跋》《苦瓜和尚画语录》对画家境界的阐释
祝允明	《枝山文集》境与韵
王国维	《人间词话》境界说、意境说、人生三境界
黄宾虹	《黄宾虹画论》意境有雅俗之别
李可染	论山水意境

通过研究可见，“境”在我国古典审美中至少有以下四个方面的含义：

(1) 与“景”相通，表示客观对象。董其昌[①]的《画旨》中所用之“境”基本可以通“景”。如“以境之奇怪论，则画不如山水，以笔墨之精妙论，则山水不如画”。此“境”为大千世界，自然妙造。他在《画旨》中多处强调要“写境”，现当代一些艺术理论研究者认为“写境”就是写生。同样，《画旨》中的“取其境”也为写实景之意，他指出，“朝起看云气变幻，可收入笔端。”

(2) “境”指代主体的心胸和品藻，作为评价画家、文学家在文学和艺术方面修养和造诣的标准，如境界。郭熙在《林泉高致》画意一节提出“境界”一词，指代画家的修为。“及乎境界已熟，心手已应，方始纵横中度，左右逢源。世人将就率意，触情草草便得。”此处“境界”是指审美主体作画时所达到的纯熟状态，是画家的心手相应。此“境界”是指画家在作画前已经达到了轻松愉快的地步，或是在作画之前，饱览前人诗文创作，笃定沉思，消除所有的杂念与忧虑，已然达到了自然流露的状态，此境非物境，而是心境。司空图的《诗品》(又名《二十四品诗》)[②]中有一则为“实境”，主要阐释的是诗歌的品质和诗人作诗的境界，认为诗的意境必须体现宇宙的本体和生命，审美主体的境界是“境”在我国山水审美中的又一重要含义。

(3) “境”指代虚实相生的审美结果，并且审美结果具有层次性。首先，“境”是画家对物象进行一次加工后的结果。祝枝山认为境在身与事的交互中产生，是人对于事物所产生的一种经验于体验，所得之“境”会进一步作用产生审美的情感，因而审美的产生必须建立在身体对客观事物的体验上，“境生乎事也”。其次，“境”超

① 董其昌被认为是山水画南北宗论的重要人物之一。他运用禅宗原理考察山水画创作，将中国的山水画分为南宗北宗，并把南宗的顿悟与北宗的渐修融入具体的山水画分析中。

② 二十四品诗是：雄浑、冲淡、纤秾、沉著、高古、典雅、洗炼、劲健、绮丽、自然、含蓄、豪放、精神、缜密、疏野、清奇、委曲、实境、悲慨、形容、超诣、飘逸、旷达、流动。

越画家的一次加工。“妙境”之妙，妙在通幅皆灵，为画所创造出的虚实相生之优势。再如，唐志契在《绘事微言》中指出：“若使无题，则或意境两歧，而四时朝暮，风雨晦冥，直任笔之所之耳？”他所指的“意境”含有意与境两方面的内容，前者为“意中之事” 后者为“眼前之景”，意境是主观的情感与客观的景物融合的产物（刘九洲，1987）。画面上的形象虽是有限的，但通过有限也可以创造无限意境。布图颜也有相似的论断，他说：“山水不出笔墨情景，情景者境界也。”布颜图认为境界是情景交融的结果。如果“境界”中没有情，则境只能称之为景，只有境界中有情才能称其为境界。王昌龄《诗格》中的三境指证了审美认识的三个层次。“物境”是指自然景色，“情境”则指“张之于意”，“意境”是指“思之于心”，经过情境、意境方能得其真。如果不能得到事物本质，则不算得到意境。石涛用“境趣”来指画中的诗诞生的前提条件，境趣是情景交融的结果。

（4）“境”与动词连用，表示审美的方式方法、状态和过程，如皎然的“取境说”。王昌龄《诗格》写道诗有三格：“一曰生思，二曰感思，三曰取思。生思一，久用精思。未契意象，力疲惫智竭，放安神思。心偶照境，率然而生。感思二，寻味前言。吟讽古制，感而生思。取思三，搜求于象，心入于境，神会于物，因心而得。”这三思是完整的审美过程，生思是利用精神构想获取审美意象，生思有可能会导致思考得精疲力竭，只能通过偶然的“开塞”而获取审美意象。而感思借助于回味古人而出发思考。取思最大的特点是因心、神而得，从“象”到“思”，经由心的作用后又由心发出来。较之于“生思”的被动，“取思”则是主动寻找生活中的境象来触发灵感和想象。皎然的“取境说”延续了王昌龄的“取思”，同时也受到了佛教的影响，与王昌龄的“取思”相同。“取境”是指诗人通过构思活动，使得形象化艺术境界在自己心目中呈现出来。“诗情缘境发”，“缘境”在佛教用语中指内心趋向事物的作用（张兮，1988）。

总结起来，《诗式》中皎然阐释了“取境”的状态与心得。想要获得诗歌的意境，要避免苦思冥想，但也要敢于至难至险，保持精神的虚静。王昌龄通过《诗格》中“思”与“心”方面的阐释，营构了意境获得所必备的心理和精神条件，强调了意境的获得有偶然获得，通过体悟古人创作获得和直接体悟对象而获得这三种状态，从而使对象在心灵上显现从而最终获得意境。皎然的“取境”说与王昌龄之“取思”有继承关系，但皎然在王昌龄的基础上进一步发展，他的“取境说”的核心在“取”上，认为取境有几个原则，并非不加修饰就为妙，不必苦思冥想，一旦陷入苦思冥想，就容易丧失诗的“自然之质”，但又要保持虚静的心胸，要善于收集和积累平时的思考，并在至难至险处方能取境。

因此，基于上述四方面对“境”的认知，“境”一词较之于与审美相关的象、意、意象、像、景、逸、神、韵等词，具有更广泛的含义。“境”涉及主体、客体、主客体关系以及不同层次的审美结果，同时还具有动态性。因此，“境”作为中国传统的范畴，作为基础用以构建中国山水审美识别与评价体系具有恰当性。它满足形神兼备、情景交融、动静结合、虚实相生、理趣境界，体现了物态美、物情美、物理美的自然结合。

传统山水审美形成的养成背景是：

志于道、据于德、依于理、尽其术、知其性、游于艺、动其情、善其思、养其气、顿其悟、得其境（意境）的过程。

其中，“境”所包含的含义广泛，涉及主体、客体、主客体关系以及不同层次的审美结果，同时还具有动态性。因此，本书将选择“境”作为基础，纳入上述的审美要素，在充分考虑中国传统山水审美四个特点的前提下构建名山风景区审美价值识别框架。在审美价值框架构建前，本书依据价值论的主体、客体、主客体关系首先阐释审美价值的作用机制。

第三章

审美价值及作用机制

基于前文中对于审美主体、客体、审美结果及审美过程中各要素的阐释，为了进一步落实和阐释清楚审美的作用，本章引入了价值论来进行讨论。“价值”简单地说就是在人类的客观历史实践活动中产生和形成的客体对于主体的意义（杜书瀛，2008）。普遍的观点认为，价值产生于、建立于、并存在于主体与客体的特殊关系中。马克思曾通过对词源的考察判断价值的核心问题是“关系”。有学者系统地分析了价值的 5 种学说①。基于此认为，价值存在于主体与客体的关系之中，反映强烈的主体性特征，是客体属性对主体需要的满足。

价值所涉及的最重要的两个方面是主体和客体。主体是指价值活动中作为行为者的人，客体是指价值活动中的对象。审美实践属于人类价值实践活动的一种，也涉及主客体及其相互作用关系。因此，名山风景区的审美价值是人类在审美实践活动中产生和形成的高中低山和各种山景以及山的自然特征对于主体审美需求的满足。审美活动虽作为价值活动中的一种类型，但它更是一种偏向于精神实践的活动，具有很强的主体性，但同时也具有物质活动的一些特征。审美主体所关心的，从根本上说是对象的情感与精神意义和对象令人精神愉悦的特征。名山风景区审美价值的客体是山岳景观的物质实体、物质事物以及物质形式，如山岳自然景观（山体、水体、生物、气象、天象等）在审美方面的表现及特征，人在与自然过程中产生的人文景观（亭台楼榭、游线、观景点等）在审美方面的表现，以及没有客观载体存在的精神、精神形式，如山水诗文画作、山岳崇拜和信仰、山水意境等，这些客体能够引起审美主体的共鸣，成为主体的精神同构物。

---

① a. 观念说。这种观点把价值看作人类的一种精神现象，是属于人的情感、意向、旨趣、态度和观念方面的感受状态，价值只存在于人们的思想意识中。b. 实体说。价值是一种独立存在的实体或现象体系。c. 属性说。这种观点认为价值虽非特殊的实体，却是某些实体所固有的或在某些情况下产生的特殊属性。持有这种学说的部分人认为价值只存在于人们的思想意识中。d. 关系说。所谓的意义本身是一个关系范畴，是指相互联系和相互作用所产生的效果和影响。价值既不是某种独立的实体，也不是任何实体所固有的属性，而是人所特有的对象性关系的产物。“关系说”也有主观和客观之分。e. 实践说。是在“关系说”基础上的新型价值学说。认为价值产生于按照主体的尺度去认识世界改造世界的现实活动；因此，主体特有的存在方式与活动特征是把握价值的关键（李德顺，1987）。

总结起来,用一个概念表达审美价值,即是:

审美价值=[审美主体,审美客体(载体及其特征),主客体作用]

以下分别对审美价值的主体、客体、主客体关系进行阐释。

第一节　审美的主客体

一、审美主体

审美主体是指一切参与价值活动的个人和群体,是审美活动的发起者。因为审美活动是价值活动的一种类型,价值总是体现着人的目的、理想、愿望、兴趣,与个人和群体的价值观、伦理观、道德观紧密联系,使价值呈现出很强的主体性。主体属性有价值观、主体文化、主体的社会背景、主体所处时代、主体的民族性和地域性等。基于上述各要素和条件,审美主体按照个体或群体差异形成了审美主体的属性。

正因为名山风景区的审美活动与其余活动紧密相连,也使得审美价值与名山风景区的其余价值紧密联系。通过主体的社会属性可以建立审美价值与社会价值之间的关系,通过历史属性可以建立审美价值与历史价值之间的联系,通过生理和心理属性建立审美价值与文化价值之间的关系,通过地域属性可以建立审美价值与地域价值之间的联系。

我国传统山水审美受儒、道、佛三种思想的影响,形成的主体审美心胸论有:涤除玄鉴、澄怀味象、心斋、坐忘、无、天人合一、养性说、缘境说。也形成了相应的审美心理场,涉及影响审美形成的传统要素和条件,这些条件和评判来自中国传统山水审美的范畴,是中国人进行自然审美的潜在基因,同时也是审美判断的标准。这些审美范畴产生于不同的时期,葛路(2009)曾系统地进行了论述,认为审美心理场涉及的概念有:势、神、风、骨、韵、趣、调以及气韵、气象、气势、气骨、气脉、气格、神采、生气、意蕴等。这些心理场与心胸论的无、养性,涤除玄鉴有密切的关系,审美心理场和心胸论共同促成了审美之境的生成。

按照审美主体的社会属性,审美主体可分为:专家、游客、社区居民、利益相关者等;如果将主体视为一个整体,在主体中探讨审美活动产生的审美心理结构层次,又分为三个层次,即审美注意、审美感知和审美分析。

二、审美客体

审美客体即审美的对象，也是审美价值的载体及其特征。在上述中国传统山水审美要素中，具有客体性的要素有“象”和“理”。因为传统山水审美中“象”具有虚实相生的特点，因而审美的载体也可以分为有形和无形两大类，包括对于审美而言的客观实在或不具有客观实在的精神与观念。有形载体与人的5种感官作用相对应，形成视觉载体、听觉载体、嗅觉载体、味觉载体、触觉载体这5种载体，无形载体包括精神、观念、氛围等。从美学角度讲，视觉载体一般是由线条、形状、色彩、空间、质料、层次等构成，既可以是单独的要素，也可以是各要素组成的新要素，如场景、空间、路径；听觉载体一般由声音、节奏、韵律等构成；嗅觉和味觉载体一般由气味、味道构成；触觉载体一般由触感构成。精神和观念的载体是人类或人类记录思想所用的文字或符号等。

审美价值载体特征从两方面理解。载体特征一方面源于物质载体对于审美有意义的特质，比如九寨沟五彩池中钙华景观能体现出多样的色彩，黄山花岗岩地貌丰富的变化能所创造出奇特性的地貌，五彩的颜色和奇特的地貌作为特征都依附于客观实在。另一方面又源于主体的审美感受的抽象化和类型化，在一定的艺术语言中被固化成为某些美学特征，贝尔称之为“有意味的形式”[①]。这些特征基于我们日常生活中所形成的审美经验，将经验纳入、剪裁和熔铸在一个审美心理结构中，形成了一些判断审美的既定标准，如格式塔审美判断常用的对称、均衡、比例等。我国名山风景区经过长期历史积淀，逐渐形成了山水审美既定评价的标准，如雄、奇、险、秀、幽、旷、奥以及一些传统的审美模式和审美判断，这些都是名山风景区审美价值的载体特征。这些价值载体特征的形成，与价值观、伦理观、文化的影响和时代的背景紧密相关，并且随时代的变迁而变化，既有历史上形成的传统审美评价标准和观念，也有近现代受西方风景审美影响下的审美评价标准和观念。因此，在构建名山风景区审美价值载体特征指标时，应同时纳入传统与近现代的审美视角和评价标准。

第二节 审美主客体的相互作用

审美价值是主体、客体共同作用的结果。在审美发生的过程中，存在着两化的

① 贝尔最著名的美学命题是认为美是一种“有意味的形式”。他认为在不同的艺术作品中，线条、色彩等以某种特殊方式组成某种形式或形式间的关系，激起我们的审美感情，这种线、色的关系和组合，这些审美的感人的形式，就是“有意味的形式”。“有意味的形式”是一切视觉艺术的共同性质。

作用。在主客体相互作用的过程中，既有主体对客体的改造、创造、突进，赋予客体以人文社会文化的意义，即主体的“外化”；又有客体对主体的侵袭、渗透、转化，赋予主体以对象的性质和品格，即客体的“内化”。

基于两化的作用，审美活动中还存在着欣赏模式的选择问题。审美主客体作用的模式实际上就是主体在进行审美欣赏时所采用的方法方式。综述中西方山水或风景审美的模式，可将欣赏模式归纳为：对象模式、环境模式、沉浸模式、唤醒模式、神秘模式和后现代模式这几类。

西方传统的风景欣赏模式脱胎于风景画的艺术欣赏，如绘式的欣赏方式即是例证。一些研究认为，艺术欣赏模式对艺术品的感知与欣赏主要通过视觉。这种欣赏模式产生于欧洲，伴随着风景画的发展和推广深入人心。因此，将此种欣赏模式称之为“对象模式”。此模式的特点是将自然当作雕塑品一样进行欣赏时，会特别关注对象的形式特征。这种欣赏模式的基础是主客二分造成的观者和被观对象的界限。

而我国古代山水审美则强调融情于景的欣赏方式，强调在体验时调动所有的感官进行沉浸式体验。西方关于审美沉浸式的研究起步较晚，被认为是一种全新的审美模式，也被称之为参与模式。沉浸模式将感官、自然环境、空间看作是一个没有缝隙的整体，召唤我们沉浸到自然环境中去体会自然环境。这种模式呼吁主体消除与自然的距离，消除主客二分地去欣赏风景。

随着经济文化的发展和战后审美心理物理学研究的突进，人们渐渐关注人对风景刺激的反应。这一进步使得西方风景的研究从如绘式中挣脱出来，多角度、多感官地去综合研究审美。强调风景欣赏模式应该区别于艺术欣赏模式，感知器官没有高低贵贱之分，视觉并不是唯一且主要的，因而产生了唤醒模式。环境作为审美对象，不是雕塑，不是架上艺术，环境的美不是个体单独的美，是个体之间相互依存的美，是整体的美。

以下对中西方审美欣赏模式进行对比，如表 3-1 所示。

表 3-1　中西方审美欣赏模式比较研究与评价

审美模式	阐释	评价
环境模式 (Environment model)	强调欣赏的认知性基础，强调以科学为基础的欣赏方式，强调生态学、地质学以及其他学科之于环境欣赏的重要性，科学为环境欣赏提供解释标准	这种欣赏模式和审美的联系较弱，但对科学的认识有助于激发新的审美体验

（续表）

审美模式	阐释	评价
对象模式 （The object model） 景观模式（静观模式） （The landscape model）	以艺术欣赏的模式为基础的欣赏模式。对象的欣赏如同对绘画作品的欣赏一样，重视对象“合目的性”的特征	两种欣赏模式都重视像绘画一样的艺术形式，主要集中在视觉方面的体验，而忽略了其余感官体验和环境本身的丰富性
沉浸模式 （The engagement model）	在欣赏过程中全身心地投入，以此消除传统欣赏模式中的主客二分的界限。类似于中国传统山水审美模式	有利于调动除了视觉之外的听觉、触觉、味觉、嗅觉，有利于引发通感的审美体验
唤醒模式 （The arousal model）	强调审美欣赏中情感唤醒的重要。观赏者只需要敞开自身，对自然环境感性的回应不需要建立在科学基础上	和沉浸模式类似，有利于调动除了视觉外的其余的感官，引发通感
神秘模式 （The mystery model）	提供了一种接近自然的宗教方法而不是审美方法，它展示的不是一种欣赏的自然维度，而是导致自然非审美化	—
后现代模式 （The postmodern model）	是一种视自然为文本的模式	—

一个客观物质之所以能成为审美对象，需要经过一定的审美心理过程。只有把人的主观情感、意识与对象结合起来，达到主客观在情感上的交流，在意识上的超越，才能产生美。在审美过程中，蕴涵着“两化”的过程，即主体的外化和客体的内化。本书在考察了审美心理学、哲学美学的移情说、距离说、实验美学、格式塔心理学、弗洛伊德心理学美学的基础上，提出了审美价值作用机制认知框架。

一般情况下，从审美对象到审美结果的形成，主体需经历审美注意、审美感知、审美分析、审美领悟四个步骤，这四个步骤之间是逐层递进的关系，在各个审美阶段所调动的感情因素不同。审美心理随着审美层次的深入逐渐加深。在审美注意和感知阶段，一般所调动的审美心理是愿望、期待、情绪、欲求，对应传统山水审美中的“道”“心”“性”；是眼、耳、鼻、舌、身五种感官对客体进行感知，所调动的审美心理是感触、意向、情感等，对应传统山水审美中的“性”“情”。在审美分析阶段，所调动是理解、认知、思考和想象，对应传统山水审美中的“思”。在审美的领悟和升华阶段，所调动的是领悟，对应山水审美中的“悟”，从而实现审美的升华。这是中国传统山水审美中所特有的环节，对应传统山水审美的“道”“气”“悟”“神”。

不同的审美阶段，主体和客体的相互作用关系不同，形成了不同的审美结果。在审美感知阶段，审美认知会牢牢地集中在引起审美注意的载体上，如客体线条、形状、色彩、质料、层次等。主体通过五感、情绪、心境等作用形成审美结果，在此阶段的审美作用是感知，较之于审美注意，审美主体对对象的关注时间长，审美主体与对象有一定的互动，这一阶段所形成的审美结果较之于审美注意阶段的审美结果更稳定、持久。在审美分析阶段，审美通过理解、认知和思考形成对审美较为理性的、技术性的、情感的综合判断，如变化、平衡、统一、和谐、韵律、感动、亲切等。此阶段所形成的审美结果，是在前一个步骤基础上的综合与提升。审美的最高阶段是审美的悟道和冥想，此时，经由上述几个阶段所产生的审美结果在主体内部沉淀，宗教、态度、认识使得心灵得到了洗涤、净化，审美结果涌现出来，产生了审美的意境和终极的审美理想。

本书综述了东西方审美作用机制，认为在西方美学哲学语境下，审美发生有内外同型的作用，会经历各个不同的阶段。康德认为审美表象作为连接对象和共感的中间纽带，审美主体对外会发出外同形型的作用，对内会发出内同型作用。鲍桑葵认为，审美所产生的结果为态度、情感、表象。李泽厚认为审美阶段分为：准备、实现、完成三个阶段。准备阶段为审美注意（集中在对象形式本身），实现阶段为审美态度（各种心理因素、功能、成分，如认知、欲求、期待、想象、情绪、愿望、心境、意向……），完成阶段为审美判断（情感、想象等）。对此，腾守尧、周冠生等学者也有相近的论述，如表 3-2 所示。

表 3-2　西方哲学视角下的审美作用机制

美学哲学家	审美作用机制
康德① 《判断力批判》	康德将审美过程可以分为 3 个环节，即对象合目的性形式的产生、审美表象的创构、审美共同感的发生。从对象合目的性形式到审美表象，是审美的外同型作用；从审美表象到情感共通感是审美的内向型作用
李泽厚	准备—实现—完成
鲍桑葵② 《美学三讲》	对象形式、审美态度、审美情感、审美表象

① 康德（Immanuel Kant），德国古典哲学的创始人，著有《纯粹理性批判》《实践理性批判》和《判断力批判》三大哲学著作，对哲学和心理学产生了巨大的影响。

② 鲍桑葵（Bernard Basanquet），英国哲学家、美学家。其中《美学三讲》中论述了审美价值作用机制。

（续表）

美学哲学家	审美作用机制
腾守尧《审美心理描述》	审美的经验过程分为 3 个阶段：准备阶段、高潮阶段和效应阶段。在准备阶段是由审美注意、审美期望；当审美进入高潮阶段后，会产生审美知觉、审美认知和审美愉悦，这些方面与审美的价值观、情感等作用密不可分；在效应阶段，会产生审美观念、审美理想和审美趣味及欲望
周冠生	审美心理学将审美心理分为四个阶段

在我国传统美学中，审美的生成可分为“生思、感思、取思”[①]三个阶段。审美的获得一是通过对客观物象的观察，并且经历长久的思考而形成，但在这个作用机制中也不排除久思而未有果的情况。因而转而向古人学习，寻味和批判古人继而有感而发；而在这个过程中，生思与感思相互作用，在不断交融的过程中，形成偶然兴发，生成感发和激发，对以往的经验和形式进行重构及涌现，形成对美的觉解，从而完成第三阶段。

下一章基于中国传统山水审美的特征、传统山水审美的要素、审美主客体及作用机制的阐释，以山水审美中范畴最广的“境”为基础，构建中国名山风景区审美价值认识的框架。

① 见本书第 2 章中论述的王昌龄《诗格》。

第四章
名山风景区审美价值识别框架

中国名山风景中审美生成的过程，简单地说是从目视到神遇，从直觉到心觉的过程。在这个过程中，包含了物态的成像、直觉的认知、思维的抽象，甚至包括顿悟和觉解。

第一节　名山风景区审美涉及的主客体要素及其关系

基于上文构建的审美价值＝[审美主体，审美客体(载体及其特征)，主客体作用]的框架，本书认为在名山风景区的审美价值识别中，具有主体性的要素有道、德、术、意、情、思、神、气、悟；具有客体属性的要素有理、象、形。“用”是审美完成后才体现出客体及客体的属性对主体的满足，在审美全过程或某一阶段完成才能体现出来。“制”是特殊的要素，是审美相互作用并且确保这种作用的机制。“境”的含义较之于其余要素最为宽泛，因而适合作为建立审美框架的基础。

对于具体的审美分析，应根据审美主客体作用的先后顺序和关系来进行分析。本书以泰山风景名胜区为例，按照审美主客体及所涉及要素的阐释框架，摘取分处于不同历史时期的孔子、汉武帝、杨辛对泰山审美评价，分析他们形成泰山审美评价时的审美条件和驱动因素，得出不同审美要素的先后作用关系和参与作用的审美要素。

比如，孔子在丘陵歌中道：“泰山岩岩，鲁邦所瞻；登泰山而小天下；泰山其颓，则吾将安仰。”孔子对泰山的审美涉及上述要素中的德、术、象、道。他认为君子应该有高瞻远瞩的品格与眼界，像泰山一样雄伟、正直，此为“德”；通过比喻、比德的方式，将泰山的崇高与人的品格联系在一起，此为“术”；泰山的自然山体雄伟高大，体现在“泰山岩岩”，此为“象”；以登泰山来确定自己在弟子以及在百家及思想史上的地位，此为“道”。可见，孔子审美思想是由“德”与“术”触发，在对泰山之“象”进行审美后，实现了对泰山之“道”和人生价值新的理解。孔子的审美作用机制框架如图 4-1 所示。

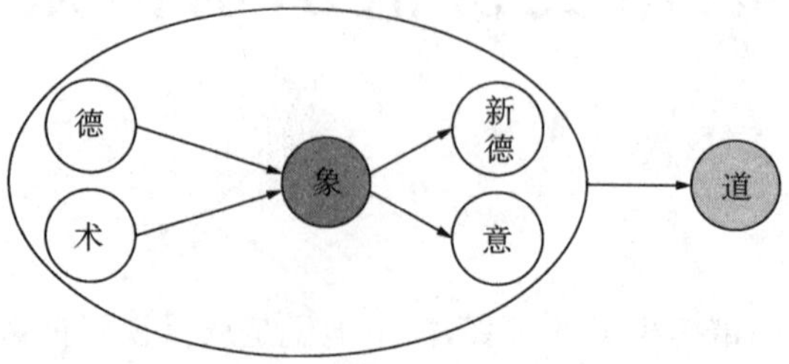

图 4-1　孔子泰山审美框架

再如汉武帝，在登上泰山后赞叹了泰山之雄壮，连续用了 8 个形容词来表达赞赏惊讶之情：“高矣、极矣、大矣、特矣、壮矣、赫矣、骇矣、惑矣。”汉武帝先是通过身体力行感于泰山的雄伟，进而将泰山的雄伟与自己的皇权并置在一起。他东封泰山，昭告功德，敬鬼神，进一步巩固疆土都是对审美之“道”的体现。而泰山的雄壮能象征帝王基业的稳定，封禅泰山，能起到昭告天下使得群臣顺服，此为“德”。该句中赞叹泰山的大、雄、峻、险是对泰山形象及所感的刻画，此为“象”和“形”。“惑矣”是泰山的雄壮让汉武帝赞叹不已的同时也为他带来了迷惑和崇拜之情，此为“意”。封禅泰山，祭天拜地，通过封禅游历泰山，此为“术”。而由于封禅所创造的汉御道、明堂为新的“象”。因此，汉武帝的审美是审美之“象”触发了“意”与“德”，因而促成了新的“象”与“意”，汉武帝的审美作用机制框架如图 4-2 所示。

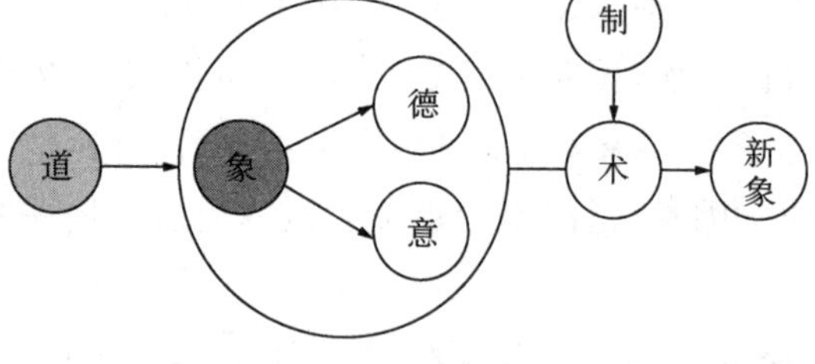

图 4-2　汉武帝泰山审美框架

现代美学家杨辛曾 29 次登上泰山，对泰山的雄伟壮丽有一番评述。他对于泰山的审美评价建立在多个方面，从“术”上看，他坚持步行上山体验，传承了中国山水审美饱游饫看的欣赏方式，但在欣赏与评价中也融入了西方风景审美评价的内容。从“理”上看，科学观和相应的科学技术被运用在泰山的审美评价中，比如他对泰山之“雄”的特点客观分析:①与周边平原丘陵形成强烈的大小高低对比;②山势累叠、主峰高耸;③形体厚重(杨辛,1988)。从“象”方面看,杨辛眼中的泰山山势累叠、形体厚重、主峰高耸;山体在苍松巨石烘托下烟云多变,整体气势宏大,形成了以朝天为中心的道路及宫观建设,南天门的精巧设计进一步突出了泰山的雄伟;道路、溪水和山谷精巧地结合在一起。壮美、优美是泰山给杨辛的感觉,此为“意”。可见杨辛的审美与前两位审美者截然不同,在他的审美评价中富有基于科学、文化两方面对泰山的认识。他的审美判断较之于前两者具有明显的客观性,他的审美作用机制是由文化和规律认知触发的,通过一定的审美欣赏方式得到了对泰山审美新的认识,杨辛的审美作用机制框架如图 4-3 所示。

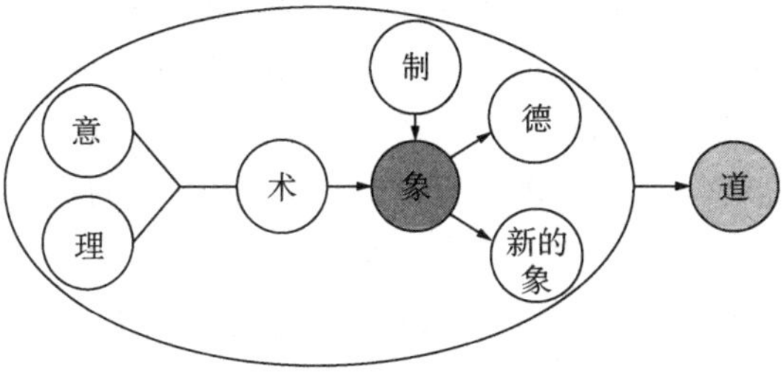

图 4-3　杨辛泰山审美框架

不同的审美主体在不同时代形成了不同的审美认知和评价,为了更好地理解和评价中国名山风景区的审美价值,有必要建立一个具有普遍意义的审美价值作用机制和层次性的认识框架,以此作为普世的名山风景区审美价值认识和理解基础。

第二节　名山风景区审美价值作用机制及层次

主客体相互作用的关系是指主体在不同的审美层次对客体的作用,它们之间通过不同的审美条件相联系。以下是审美价值作用机制框架和框架内相关要素的阐释。按照审美价值的主客体作用理解审美价值,涉及主客体的审美要素被包含在审美的主客体的关系之中。在审美过程中所涉及的主体要素有观、性、感、情、心、思、道、情、神,所涉及的客体要素有形、象、理,在主客体相互作用后,形成不同阶段的审美结果。

审美从物象开始到最终艺术形象的产生再到意境的生成,可能经历的过程有审美注意、审美期望、审美直觉、审美知觉、审美认知、审美愉悦、神思、灵感及妙悟等不同的审美阶段。在审美心理学研究中，将这些阶段归纳为“无意识”和“有意识”两种状态。“无意识”审美层次包括夜梦、直觉与禅悟、顿悟及神思。“有意识”审美层次包括感知、觉接和逻辑思维。在中国传统山水审美中的意境，其产生依赖于“悟”。妙悟、禅悟所悟到的是永恒的“道”。基于上述主客体要素及关系，审美认识层次的阐释，该部分依据传统山水审美的特色和“境”来构建审美作用机制及层次。一项审美活动的发生往往经历这 4 个环节要素，分别为物象、始境、又境和终境。

首先，审美的主体在进行审美欣赏时受到了道(期待、目标、审美注意)的驱使而发出审美行动。其次，在德(价值观、历史观、主体品藻)和理(认识论、科学知识)意(文化、态度、行为)的影响下，主体通过一定的审美模式作用于客体(象、理、自然的表象，创造的艺术形象、自然规律)。最后，主客体相互作用后，形成一定的审美结果，形成新的“象”“意”(新的文化、情感等)或“德”(新的价值观)。当审美结果产生，并且这种结果能够满足主体进行审美的目的时，审美的目的才算实现。这时将会显现出审美的“用”(作用和功能)，令人精神满足，产生愉悦或精神得以提升。在整个审美过程中，确保审美价值产生和完成的作用机制被称之为“制”。“制”既存在于主体中，又存在于客体中。在主体中，“制”能确保“道”“德”“意”能够正常作用。从主体角度看，“制”是审美心理场，是形成审美的重要条件；制也是审美心胸论，是山水审美主体在进行审美，特别是产生意境的主体心理必备要素；同时“制”也存在于客体中，能确保客体不同要素之间的相互作用，如一幅画面中不同景观要素的组合，或整个自然环境中人工建设与自然的和谐统一。审美的生成过程是主体与客体相互作用的结果，因而“制”也是确保主客体相互作用的条件。上述审美各要素相继出现在审美不同层次的关系如图 4-4 所示。

中国传统山水审美的要素出现于不同的层次和阶段，发挥着相应的作用和关系。本书以美学范畴最广的审美要素“境”作为基础，将名山风景区的审美认识层次分为 4 个阶段[①]：物象、始境、又境和终境阶段。

在物象阶段审美还没有开始发生作用，这一阶段体现出客体本身的“象”与“理”。在始境阶段，在“道”的指引和驱使下，审美主体开始注意审美客体。主体中的“心”“性”“情”作为主要的要素首先作用于审美对象，“心”是人心理对客观事物的关照，“性”是人的 5 种感官对事物的感应和接受，此阶段作用后的结果为审美之“象”和“像”，即为审美感知，包括视觉、听觉、触觉、嗅觉和味觉的感受。在又境阶段，审美主体的“德、意、思”进一步作用，得到审美的意象和想象。在终境阶段，

① 参照江顺贻评蔡小石之《拜石山房词》对境界的划分的 4 层次。

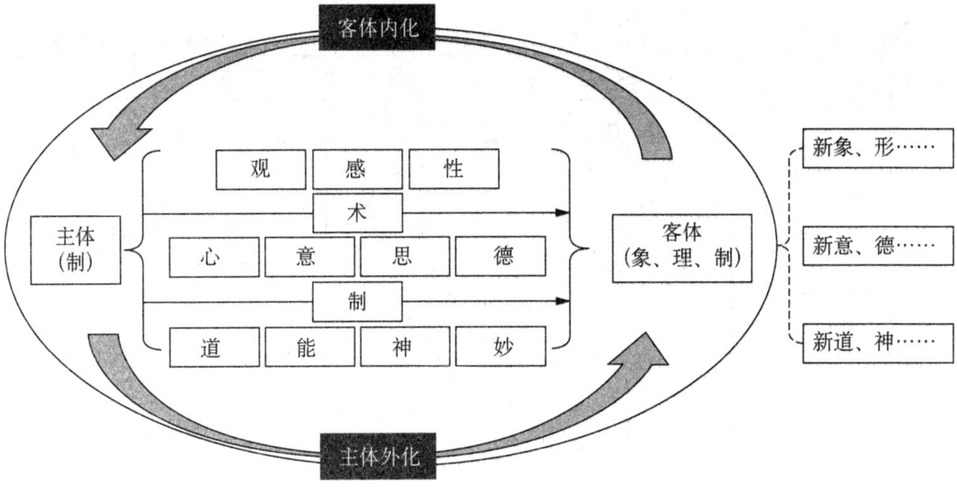

图 4-4　审美过程中各要素相互作用关系及层次

"道、气、悟"三者作用于前两个阶段所产生的意象与想象，经过主体涌现后得出升华的审美思想、观念和意境。主客体之间的作为关系为"制"和"术"。

审美所产生的结果按照审美的层次不同分为：环境结果、体验结果、情感结果和精神结果，以及确保主客体作用关系发生的关系要素。不同结果所对应的载体分别为：环境结果对应环境载体，体验结果对应体验载体、情感结果对应情感载体和精神结果对应精神载体，审美主客体发生作用的关系要素对应关系载体。不同阶段所产生的审美价值分别为：物象阶段为科学和文化价值，体验载体阶段悦耳悦目的审美价值，情感载体阶段为悦心悦意的审美价值，精神载体阶段为悦志悦神的审美价值。审美框架中各层次及每阶段所对应的结果及载体以及价值如图 4-5 所示。

详细阐释此审美价值作用框架中的 4 个层次为：物象阶段、始境阶段、又境阶段和终境阶段。每一个阶段参与作用的审美要素不同，所产生的审美结果不同，对应的审美载体不同，产生的审美价值不同。以下对各阶段参与审美作用的要素、所产生的结果及所对应的载体和价值进行详细阐释。

(1) 物象阶段。此时审美作用还未开始，主客体之间还并未发生作用。审美客体具有独立性，客体的属性和特征都蕴藏在客体之中，并以"象"和"理"的方式呈现出来。对应的载体为自然和人文资源以及所涉及的生物多样性、文化多样性、地质多样性等。

(2) 始境阶段。"观"和"性"以及"感"的作用，得"象""形"与"感"。此阶段是"观物取象"的观物环节，即审美注意和审美感知环节。审美注意能将审美态度具

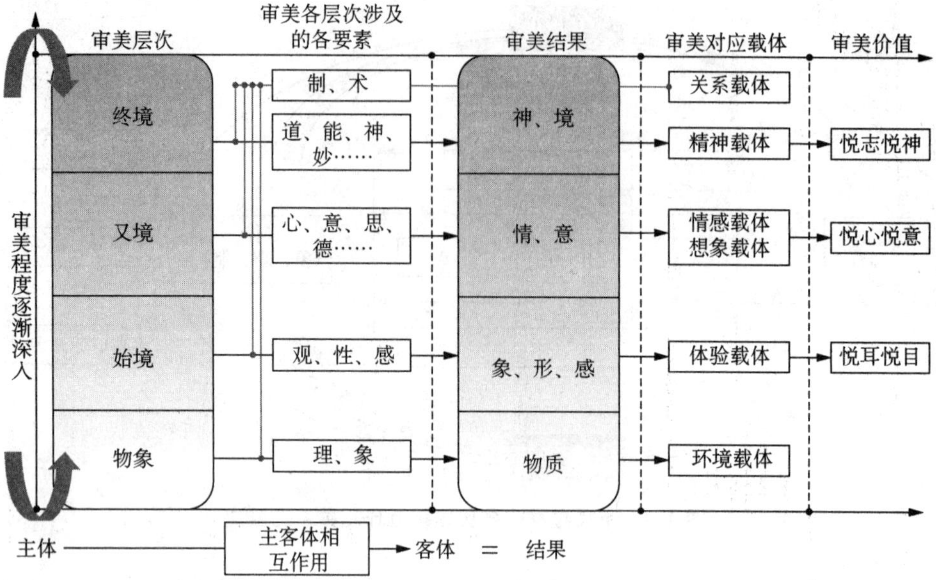

图 4-5　名山风景区审美价值识别框架层次及作用机制

体化，主体通过五感（眼、耳、鼻、舌、身）的作用，让主体的注意力长时间地停留在物象的形式结构本身，为发展其余心理活动作出铺垫。该阶段产生的审美结果为形式、感觉和体验等，称为“象”“形”“感”。但此阶段产生的审美结果并非为凭空而得，人们的感知也受到艺术原型的塑造，视觉、知觉总是包含着人们的认知和理解因素，并始终影响着触觉、动觉。此阶段产生的审美体验，按照感官的作用类型及其结果，可分为视觉体验、听觉体验、嗅觉体验、触觉体验、味觉体验以及这些体验之间相互作用所产生的通感。这些体验载体又对应着不同空间节点上所看见的视像，在游览体验中的视像的组合，以及游赏完成后对视线和空间的整体感受。

(3) 又境阶段。意、德、心、思等作用，得意象、象罔与情思。与之前的“像”不同，这个阶段得到的是“意象”与“象罔”，是在“意”“心”“思”等作用下形成的，是“融情于景”的结果。在此阶段，简单的行为要素已经变化成为心理要素。参与审美的心理要素及其相互关系，决定了这一阶段的审美结果。此阶段关键的审美心理要素为理解、想象、生情这几种心理要素，它们复杂交错作用后形成了意象、象罔和情思。由于此过程十分复杂多样且产生结果多义，李泽厚称之为审美结构的数学方程式。“思”即为审美理解，是较之于审美感知更为内在和深层次的审美作用，它与情感、感知等诸因素相互融合，形成某种非确定性的认识。审美理解阶段审美产生的条件和结果最为多义，难以用一般的概念、语言去确定和规定。

“思”是中国绘画中善用的手法。中国山水画“计白当黑”创造了无尽的让人想象的空间。中国传统文艺非常重视想象的自由活动,戏曲、音乐、绘画和园林都能充盈着丰富的想象空间,想象指示着、引导着处于某种非确定性的认识。与初境阶段产生的“像”不同,此阶段产生的审美“意象”介乎于物理实在世界与纯抽象的理念世界之间。因为“思”的缘故和情感作用,使得审美体验虚实结合。实体空间与虚体空间相互补充,进而所产生的“意象”是情景相融的。这种意象能给人以审美愉悦,似于庄子所称的“象罔”①。

(4) 终境阶段。道、神、悟、气进一步作用,得到审美思想、意境和审美精神。在此阶段,客观物象已经渐渐淡出人们的意识,审美的获得已经超脱于客观事物,达到纯粹精神的满足。此阶段是中国传统山水审美区别于西方风景审美的重要环节。生成意境通常以“神”“悟”“气”的作用为前提,传统审美中强调“妙悟”。这种感觉的形成并非是线性逻辑推导和规律性地导出,而是主客体作用达到一定程度时的突发涌现。

审美之“制”和“术”存在于每一个审美层次和每一次的审美作用中,审美之“制”也分别存在于主体和客体中。“制”是审美产生的条件以及存在于主客体中的各审美要素的相互关系。审美要素作用间的关系及条件对应的载体类型为关系载体。作为条件的山水审美之“制”是确保主体如此体验山水审美的条件和可行性,分别存在与主客体及它们相互作用的关系中。中国山水审美以及空间营造与西方风景画式的欣赏以及日本的枯山水园林式不同,欣赏的目的并不是为了让人静态地去观赏一件事物,也并非满足“瞭望—庇护”理论似的从一个围合的空间欣赏外界的景色。山岳自身旷奥的特征,造就了相对开阔或封闭的空间,使得局部地区形成围合,而这些围合正好为体验者创造了步移景异的效果。通过这些旷奥围合,创造出了让人穿越围合的空间来感受序列变化的体验。因而,对于中国名山风景区审美之“制”就是这种体验的客观条件和可能性,审美之“术”就是体验本身。作为条件的山水审美之“制”还存在于主体中,在前文中论述了民族性的审美心理场和审美心胸论,这两方面根植于民族和个人为单位的审美主体的心理中,审美主体的品藻要确保主体审美获得的条件,因而也为“制”。作为关系的山水审美之“制”存在于主客体的作用关系中以及客体要素的相互作用关系中。在满足了作为条件的审美之“制”的前提下,审美需要通过如此的体验方式或体验经历才能获得审美价值。比如构成泰山雄壮的“地狱—人间—天堂”三部曲登山序列,如果不完整地通过步行的体验来感受,则不能体会到泰山三部曲的变化。如:通过索道等外部观察

① “象罔”是来自庄子《外篇·天地》中的词,它是指有形无形、虚和实的结合之物。

的方式直接到中天门，则不能体会与山体的亲密接触而产生的三部曲和真实感，审美主体也不会具备游赏情绪被调动的可能。此外，客体间的关系也是山水审美之“制”，例如山水审美中的空间结构，“合形辅势”、特殊视觉轴线和“坐向关系”等。

“术”同样也存在于每一个审美层次和审美环节。“术”与“制”存在着一定的联系，“术”是“制”的外化和表现，例如游赏山水的条件对应着游赏山水的方式。“术”在审美之境的每一个阶段所指的意义不同。在始境阶段，“性、观”两要素是主要的审美要素，所对应的“术”为静观模式以及各类“通感”，比如视觉与听觉的通感。在又境阶段，“术”表现为思考与比较，情感升华与共鸣。在终境阶段的“术”为妙悟。

审美价值的产生又因主体自身属性不同而产生不同的“境相”，也因主体品藻和修养不同得到的“境品”不一。审美的过程并非是直线式的单向循环上升的思维模式，当审美欣赏达到最高层次后，所产生的审美思想将会贮存在审美主体之中，启发下一个审美过程的开始。

上述结构作为一个审美认识的框架，但并非所有的审美过程发生都完全按照这一条线索单向层递进行。在审美过程中常常存在始境、又境、终境相互叠加，甚至循环往复的情况，比如在又境阶段，审美情感的调动进一步催化了始境阶段的审美的体验。

第三节　名山风景区审美价值的主体差异性和历时性及其识别结果

上述认识框架是一个普适性的审美价值作用机制和层次，在历史上或今天的任何一个单一主体的山水审美认识都可以用上述的作用机制和层次来概括。但山水审美存在着历史变化的维度，价值观、审美观、艺术形象、主客体作用机制以及主客体作用的要素从古至今都在发生着变化。因而，审美具有历时性维度。历时性审美价值识别的是不同主体在不同时间对同一对象的结果。站在历史发展的维度，既可以考察“象”（审美的表现）在历史上的交替叠加和变化，因而可以判断今天的象是哪些朝代象的遗存和保留。通过古今对比可知，哪些“象”是经过历史筛选后所保存的，哪些象在历史上已经消失或淘汰，古代实象和虚像分别是什么，古人的“象”是什么，与今天的“象”“像”有何不同。又可以考察出“德”“意”的变化，变化的价值观和文化，例如曾经影响泰山山水审美形成的封禅祭祀文化及其作用机制已经消失。而春秋时孔子的“君子比德”思想和精神转化成为唐宋时期宋明理学的人文精神，经由明清时期的传承，在近现代又部分被继承与传承。

主体差异性又可理解为共时性。主体差异性审美价值识别的是同一时间内，不同主体对同一审美对象识别的结果。主体差异性审美价值识别的关键在于主体的差异。主体的差异表现在因主体地域属性、身心属性、历史属性和社会属性不同而形成的差异。

以泰山风景名胜区为例，同一时代，泰山的审美是不同类型主体产生不同审美价值的集合、化合和涌现。既有专家（如现代美学家杨辛）的审美，也有普通游客的审美、管理者的审美，亦有生活在泰山周边社区居民的审美，这是因主体类型的不同而产生的审美异质。但就同一类型主体所产生的审美而言，也存在着层次性的差异。如对于普通大众这类游客，有的游客对泰山的审美停留在“象形”的基础上；而有的游客进一步深入，了解“象形”背后的文化历史，形成具有一定深度的审美认识。而对于一些自身修养较高游客，则能上升到陶冶情操和志趣的层次。这是因审美的层次而产生的审美异质。以上所论述的审美价值的历时性和主体差异性，抽象如图 4-6 所示。在此图中，以泰山为例，选取了春秋、秦汉、唐宋、现当代和将来几个时间节点作为时间平面，位于同一平面上的不同椭圆代表因主体不同在同一时期内所产生的不同的审美结果。不同的虚线表示审美各要素在历史上的变化、消亡与延续。

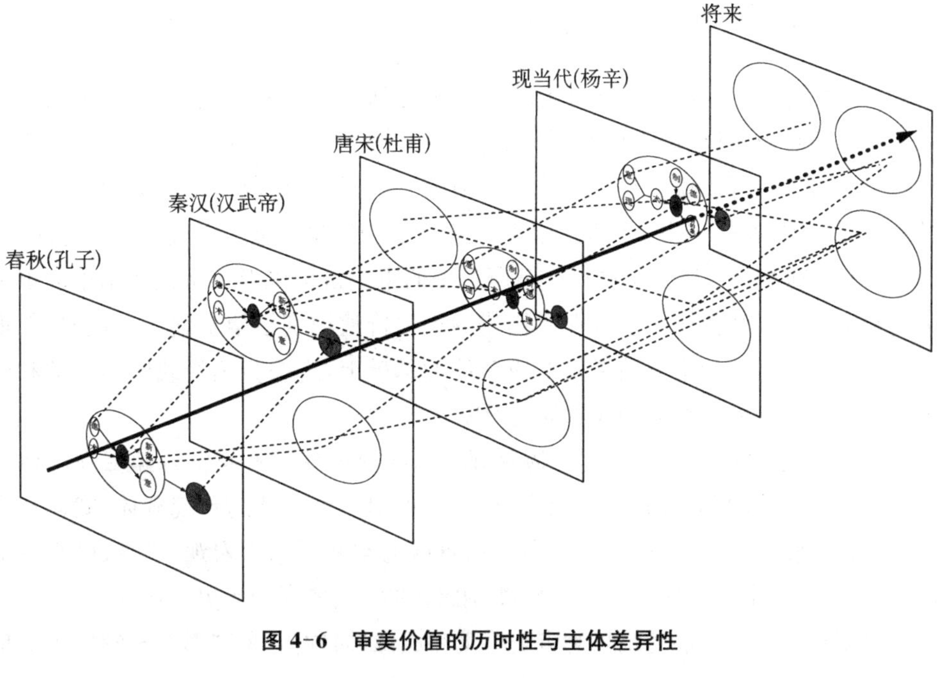

图 4-6　审美价值的历时性与主体差异性

因而,审美价值的识别存在着同一时间内因主体不同的横向展开和不同时间的历史变迁的纵向延续。主体差异性和历时性审美价值的识别性质不同。主体差异性审美价值识别考察的是因主体类型差异和层次而产生的审美价值,历时性审美价值识别考察的是审美历史的变迁和选择所产生的价值。虽然历时性审美中,每一个审美过程都存在着主体类型和主体认识层次性。但考察历时性的主要方法是将历史看作一个整体,在对历时性审美进行识别时,应从宏观角度看待历史这个整体与当今的差异,从宏观的角度看待历史的变化,通过变化预测历史对当今的影响。如果一味地纠结于考察历史上每两个不同的审美主体的审美结果差异,则势必会丢失考察历时性的真正价值和意义。以黄山风景名胜区为例,虽然黄山画派中有诸多画家,且每一位画家对黄山图像的描绘内容和风格各不相同。但如果一味地去研究这些画家的图绘和风格的差异,则会陷入一种绘画风格学的研究,从而失去了以黄山画派为依据,研究历史上黄山审美价值与今天黄山审美价值的差异,以及哪些是值得传承的黄山审美价值。

所以,基于审美主体差异性和历时性的阐释,名山风景区的审美价值识别不仅应站在宏观历史视角去综合,也应站在当下,基于主体的差异和主体认知的层次去微观分析。因此,名山风景区的审美价值识别应是一个综合微观分析的过程。以下对主体差异性和历时性的审美价值识别及其结果进行详细阐述。

一、主体差异性审美价值识别

(1) 不同的审美主体进行审美欣赏后所得到的不同审美结果,并且判断他们审美结果的品质,进而确定他们识别的价值。并非所有的审美主体所产生审美结果对于名山风景区来说都是重要或有价值的,需要依据情况对不同类型主体及其权重予以分配,在规划中应依据具体情况识别名山风景区最主要人群的审美价值。

(2) 识别审美主体在不同层次下所产生的审美价值以及产生这些结果的审美机制和主客体相互作用关系。在所构建的审美价值识别框架基础上,特别是在审美框架中已经建立的审美结果及对应载体的基础上,进一步阐释载体的亚类和所涉及的名山风景区的物质和非物质的要素,如表 4-1 所示。

依据审美价值的层次性,在“物象”阶段,客体的属性和特征都蕴藏在客体之中,并以“象”和“理”的方式呈现出来,审美价值对应的载体为环境载体,载体亚类为各类自然和人文资源,所涉及的名山风景区的空间要素为宏观、中观、微观的资源点或面,如名山风景区中的亭、台、楼、榭等,非空间要素为历史文化等。

审美在“初境”阶段的结果为审美感觉和成像,简称为“象”“形”与“感”,审美价值所对应的载体类型为体验载体，载体亚类为视觉、听觉、触觉、味觉、嗅觉载体以及它们的组合和通感。所涉及的名山风景区的空间要素为观景点、所见视域或场景、游线、空间序列；非空间要素为感知性轴线等。

“又境”阶段的审美结果为审美“意象”“象罔”和审美情感。所对应的载体类型为情感载体和想象载体，所涉及的名山风景区的空间要素为氛围、记忆等，所涉及非风景区的要素为主体的情感以及产生情感的机制。

“终境”阶段的审美结果为审美意境、审美思想和审美观念。所对应的载体类型为精神载体，审美所产生的结果为精神和意境。所涉及的名山风景区的空间要素为氛围和概念性的轴线等，所涉及的非空间要素为主体的品藻、素养以及主体作用的机制。

而确保所有审美价值作用产生的审美价值条件和关系，对应的载体类型为关系载体。关系载体包括作为条件的山水审美之“制”，以及作为关系的山水审美之“制”。作为条件的山水审美之“制”是确保主体体验山水的条件和可行性，分别存在与主客体及它们作用的关系中。中国名山风景区审美之“制”就是审美体验的客观条件和可能性，主客体可能发生关系的条件和可能性。作为条件的“制”存在于主体中，则是指主体的品藻、心胸，使得主体具备了进行山水审美的能力。作为关系的审美之“制”存在于客体中，则表示客体要素之间的关系。此外，审美主客体发生作用时的模式，即审美之“术”，所包含的内容有“饱游饫看”和“游观”。

表 4-1　审美过程不同阶段的结果及其对应载体及表达的媒介

审美阶段	审美结果	载体类型	载体亚类	所涉及名山风景区的要素（空间和非空间）
—	物象	环境载体	自然资源 人文资源	宏观、中观、微观的资源点或面
初境	成像 感知	体验载体 （感官载体）	视觉载体、听觉载体、触觉载体、味觉载体、嗅觉载体以及他们的组合和通感	观景点及所见视域或场景、游线、空间序列及在整个空间中的体验、感知性轴线
又境	意象、象罔、感情	情感载体 想象载体	不同类型的情感和想象	人、记忆、氛围
终境	观念、思想、意境	精神载体	不同类型的观念、思想、意境	人、氛围、概念性轴线

（续表）

审美阶段	审美结果	载体类型	载体亚类	所涉及名山风景区的要素（空间和非空间）
审美作用条件及相互关系	—	关系载体	作为条件的“制”存在于主体及主客体作用中； 作为关系的“制”存在于客体中； 山水审美中的“术”	主体中的“制”：品藻、心胸； 主客体作用中的“制”：欣赏审美的条件； 客体中的“制”：客体要素间相互作用的关系； “术”：欣赏模式，饱游饫看、游观等

每个审美阶段所产生的审美价值不同，初境阶段所产生的是使人悦耳悦目的审美价值，又境阶段所产生的是使人悦心悦意的审美价值，终境阶段所产生的是使人悦志悦神的审美价值。

二、历时性审美价值识别及其结果

因为审美主客体及其关系中的任何一个要素都存在着历时性的变化，变化所产生的时间及变化的强度各自不一，分析审美价值各要素的时间变化将繁琐而缺乏整体性。因此，对于审美的历时性识别以“象”为主。

一要识别明确显性的“象”或“像”在历史上的变迁，今天的“象”或“像”是哪些朝代的叠加、累积和选择。二要识别古人诗文创作、绘画创作中的意象、象罔、情感、意境及思想，并判断其传承的价值。三要识别形成古人之“象”“像”“意象”的审美机制及其它们之间的相互作用。

以泰山审美识别为例，今天泰山的“象”应是历史上不同“象”叠加、选择和积累的结果，表现为原始象 ＋ 象 1 ＋ 象 2 ＋ 象 3 ＋…＋象 n。“物象”即物质环境上有泰山的山体、山体与树木构成的对比关系、登山盘道、建筑、寺庙、道观、古树名木以及他们之间的关系和组合，这些“象”经由自然选择和历史传承而来，从宏观尺度看为“山城关系，以城显山”；从中观的尺度讲为泰山的某一游赏区域；从微观的尺度讲为泰山的某处资源点，如一棵古松、一处古庙。这些“象”的传承在历史上经由自然演替及人工干预等变化。经审美作用后的泰山之“像”有：人们在登游泰山所见、所听、所感和所闻的“像”，从宏观的尺度讲为泰山的“雄伟挺拔，屹立于平原之上”；从中观尺度讲为景群、游览线和游览序列上看见的“和谐关系、雄中藏秀、雄中藏幽”;从微观尺度讲为单个建筑的“色彩鲜艳、富丽堂皇”或单棵松树的“苍翠挺拔、遒劲有力”。而泰山的意象和象罔是不同审美主体在上述时空中“融情于景”时所得,一般见于诗文、游记、绘画作品中,比如将泰山的雄伟比作“天大将军”“泰山如坐”等。

在审美之“象”识别时应该注意以下两点:①“象”的不稳定性和叠加性,如前已进行了论述。②“象”的真实性和完整性。此外,在历时性的识别中虽然以“象”为核心,但依然要对审美其余要素的历时性变化作出判断与总结,并将其作为审美价值变迁整体判断的基础与背景。

名山风景区审美价值识别具有层递性、复杂性、多义性和涌现性的特点。层递性表现在审美的认知并非一蹴而就,而是由浅入深的逐层递进的过程,是由“形”入“神”的过程。由审美感觉过渡到审美理解、想象及情感的融入,达到悦心悦意后,再进一步提升,最终达到对山水意境的领悟,对人生大道的体悟与领会。

复杂性、多义性伴随出现,审美作用机制中涉及感知、理解、想象、情感与物象的相互作用,参与作用的是审美价值主客体及其关系要素中的多个要素。这些要素之间可以两两、或一多发生作用关系,要素的先后作用及结果复杂多义,如李泽厚所比喻的复杂方程式。

涌现性是中国山水审美特有的特征。基于我国山水审美融情于景、情景交融的主客体作用模式,客观物境因为主体的作用使得山水审美的结果并不是 1+1=2 的简单叠加,主客体化合后形成了 1+1>2 的效果。我国的山水审美“以大观小”的审美方式进行审美后,涌现出各种画境。画境的涌现是客观物象、感知之像、想象和情感积累到一定程度后,在审美之“制”和“术”保证和满足的情况下才能实现的涌现。

审美价值主体、客体中的要素因其自身的属性或特征与名山风景区的其余价值相联系。比如代表价值观的“德”使得审美价值与社会价值相联系,代表文化和情感的“意”使得审美价值与文化价值相联系,代表客体规律和原理的“理”又使得审美价值与科学价值相联系。

名山风景区自身存在着一个价值体系,审美价值作为该体系中的一类价值又与其余价值之间发生着多种联系。国内外的一些学者对我国世界遗产地、风景区及相关保护地的价值体系进行了研究,将遗产地的价值分为本底价值(科学价值、历史文化价值、美学价值等)、直接使用价值(科研价值、教育价值、旅游休闲价值等)和间接衍生价值(产业发展、社会促进),并提出严格保护本底价值,适度利用直接应用价值,大力发展衍生价值的保护与开发构想(陈耀华,2012)。有学者认为遗产的价值分为广义的文化价值和由此派生的经济价值。广义的文化价值包含美学价值、精神价值、历史价值、人类学或社会价值、科学价值、原真性价值、符号价值，当文化价值成为社会型消费需求时，遗产的文化价值则派生出经济价值。中国遗产管理的误区是以旅游价值评价取代遗产价值评价(徐嵩龄,2003)。也有学者提出，遗产价值评估的项目和内容应该包含直接产出实物价值(土地矿产、植物资源、动物资源)、直接服务价值(科研服务、文化服务、旅游服务)、间接生态价值和存在价值(王秉洛,2001)。有的学者从社会文化视角研究了遗产资源价值评估，将遗产资源的社会文化价值划分为直接使用价值和非使用价值两方面。

本书继承和归纳了上述观点，认为名山风景区的价值可以分为存在价值与使用价值。存在价值是风景区的本底价值，不以是否具备使用和鉴赏的功能而改变，是名山风景区的其余价值得以发展和利用的基础，没有了存在价值，名山风景区就不可能存在并被人们广泛认知。存在价值包括审美价值、历史文化价值、科学价值、宗教价值等。使用价值是存在价值的衍生，建立在存在价值基础上，包括游憩价值、经济价值、社会价值等。

我国学者从不同角度研究了遗产和风景区的价值，这些研究都将审美(美学)价值放在本底价值或核心位置，提出审美价值在名山风景区中应是重点保护的价值。审美价值有其自身突出的特点。在审美价值活动中，审美主体所关心的，从根本上说是对象的令人精神愉悦的特征和精神意义。具有审美价值的对象是满足主体特殊精神需要的对象，对象因为它能以其自身的特殊属性和形式成为人类精神的同构物(杜书瀛,2008)。

因此审美价值相较于其他价值的特点：一是愉悦性，审美价值能使人产生生理或心理的愉悦与满足。二是形式性，也就是审美价值的载体必须具有能成为审美对象的形式，否则审美价值本身根本就不可能被人感受。三是非功利性，在康德的哲学体系中已经得以明确，审美价值的获得不能因其具有某些用途和经济价值而获得，而是一种抛开杂念和功利性目的而获得的价值。因此，在规划中应识别存在价值与使用价值的关系，审美价值在存在价值中的地位，审美价值与其余价值的关系。

通过价值及作用机制分析，可知名山风景区的审美价值是通过审美的主体、客体与其余价值产生联系。在存在价值层面，具体的联系体现在与历史文化价值、社会价值、宗教价值和科学价值的联系上。

审美价值因主体的历史文化属性与历史文化价值相联系，审美价值的主体所具有的历史文化知识背景、价值观等，影响所形成的审美结果和审美偏好。历史文化价值与审美价值的关系是影响和被影响的关系，主要体现在历史文化价值对主体的影响，同时也存在历史文化载体与审美价值载体重合的现象，因此历史文化价值又与审美价值是交叠关系。

审美价值因主体的社会属性与社会价值联系，主体的社会属性主要体现在社区的价值。审美价值主体的社会属性影响审美偏好，审美也能对社区的自我认识和当地的社会价值和观念产生影响。社会价值和审美价值之间是互相影响的关系。

审美价值因主体宗教信仰与宗教价值联系，宗教价值与审美价值之间也是相互影响关系，历史上很多著名的美学家、画家都是僧人，如宗炳、石涛、髡残等，他们的审美实践已积累成为我国传统山水审美的经典和重要视角。

审美价值因客体的自然条件和属性与科学价值相联系，审美价值载体往往与科学价值载体交叉或重叠，例如，九寨沟钙华景观是科学价值载体，但同时也是构成审美价值的重要组成部分。因此，科学价值是审美价值的基础，和审美价值是交叠关系。

在使用价值层面，审美价值是旅游游憩价值的基础，反过来旅游游憩价值也会影响审美价值，比如，游客对景点、景观类型的偏好会影响规划中对于审美价值的识别和判定。但审美价值不等于旅游游憩价值，具有审美价值的载体一般具有旅游游憩价值，但反之却不一定。比如一些风景区为了旅游开发而建设体量巨大的宾馆，虽然具有旅游游憩价值，但对风景的和谐产生了重大的影响，有些甚至直接破坏了风景区的审美价值。因此，在价值识别中要注意识别旅游游憩价值产生的审美影响。解说教育价值以审美价值为基础，通过解说教育能保证审美价值的传递和游客体验，因而教育价值对审美价值是促进作用。审美价值是经济价值的基础，目前我国许多名山风景区，门票收入已经成为风景区保护管理经费的主要来源，对于经济价值的需求，可以保证审美价值识别的展开，但过度需求则会导致为了寻求经济价值发展而忽略其余价值的破坏行为。因此，在识别时要注意识别经济价值对于审美价值所构成的威胁，特别是一些经济建设行为对审美价值产生的影响。

由此可以看出，本底价值体系中审美价值与其余价值是平等关系，同时也是相互作用和促进关系。科学价值是审美价值的基础，主要体现在载体重叠上。审美价值与历史文化价值和宗教价值是相互影响关系。而使用价值对审美价值的影响主要体现在威胁上。除了教育价值可以保证审美价值的识别与实施外，应该识别旅游游憩价值、经济价值和社会价值对审美价值产生的影响。通过识别影响，确定影响因素，进而确定审美价值对于这些不同影响因素的敏感度，才能进一步采取保护措施。

第四节　审美价值识别的关键步骤及识别方法

价值源于比较，从审美结果到审美价值是一个比较判断的过程。中国传统山水审美及美学研究中也有比较研究的概念。品就是中国古代用以识别判断的一个概念，在古代有诗品①、画品②、人物品评③和山水品评④。品作为中国美学史上重要的范畴，既作为动词又作为名词。“品”字用作动词时，与审美主体鉴别、体察、辨析、评定审美对象有关，与判断事物的品类、品质、品貌、品格、品第集中深层的审美特质有关；而作为名词时，有审美范式、艺术标准、审美品位的含义。

从审美的识别结果到审美价值的产生，是在已经建立的审美价值识别框架的基础上，在识别审美的主体差异性和历时性的审美结果基础上，分别运用指标和方法进行评价的过程。名山风景区审美价值识别共包含如下 3 个关键步骤及主要内容，如表 4-2 所示。

关键步骤 1：主体差异性审美价值识别。

关键步骤 2：历时性审美价值识别。

关键步骤 3：审美价值的真实性完整性评价。

表 4-2　名山风景区审美价值识别步骤

关键步骤序号	关键步骤名称	主要内容
关键步骤 1	主体差异性审美价值识别	1-1 确定利益相关者。充分识别利益相关者的类型和群体 1-2 对于同一主体的审美价值按照审美价值层次性结果建立对应的识别方法和指标。依据审美不同层次所产生的审美结果，选择适当的方法、指标识别各层次的价值及其载体。其中包含物象阶段、始境阶段、又境阶段和终境阶段所产生的审美结果和载体，以及保证各阶段审美识别的关系载体。各阶段识别的结果为审美价值的分类和分级

① 唐代司空图的《二十四品诗》。

② 唐代张彦远在《历代名画记》把画分五品为：自然、神、妙、精、谨细；其中张怀瓘《画断》中论为神、妙、能三品。

③ 明代顾起纶《国雅品》是以作者身份分为：士品、闺品、仙品、释品、杂品。

④ 魏国邯郸淳的《艺经》：“夫围棋之品有九：一曰入神、二曰坐照、三曰具体、四曰通幽、五曰用智，六曰小巧，七曰斗力，八曰若愚，九曰守拙。九品之外，今不复云。”

（续表）

关键步骤序号	关键步骤名称	主要内容
关键步骤 2	历时性审美价值识别	2-1 以“象”为主识别不同朝代产生的审美结果及载体 2-2 识别审美结果历时性的变化 2-3 比较古代与当今的审美价值差异，并为今天的审美价值保护管理建立范式
关键步骤 3	审美价值真实性完整性评价	确定上述审美价值的真实性完整性

表 4-2 中关键步骤 1-1，在主体差异性这个维度上，应纳入审美价值识别的利益相关者，并通过权重设置的方式设置利益相关者的权重。识别不同利益相关者所持有的不同的审美价值判断，识别主体所持有的价值观、对环境的响应而产生的审美感觉和知觉等，识别最主要审美主体的价值，建立起价值与载体的关系。

表 4-2 中关键步骤 1-2，对于单一审美主体审美价值识别按照本书所构建的审美价值识别框架中层次性审美结果进行价值评价。评价的对象是审美价值识别框架中不同层次的审美结果及其所对应的载体。选择适当识别方法和指标，建立起“审美结果—识别方法—识别指标”之间的关系。对于不同层次的审美结果应运用相应的方法和指标进行识别。审美价值识别的最终结果为审美价值的分类分级，详细阐释如下：

对于审美还没有作用的物象阶段，所对应的载体是环境载体，识别应注重载体的科学性，特征指标的设定应具有一定的客观性和科学性，包括作为审美价值基础的生物、地质、水文等方面表现出的稀有、多样、最高、最大等自然特征。

对于审美初期作用的始境阶段，所对应的载体为体验载体，包含视觉载体、听觉载体、嗅觉载体、味觉载体、触觉载体和心理感觉载体，以及这些载体所形成的通感。体验载体的特征可以分为几个类型：①人们长期形成的美学原则，如格式塔心理美学中的对称、均衡等，或我国传统山水审美中形成的雄、奇、险、秀、幽、旷、奥等，以及欧美国家在风景画审美评价中形成的满足风景画美学特征的指标，比如如绘的、锦绣的、镶嵌的、富足的等。②与人类心理及文化经历相连的适用于审美的特征指标，比如壮阔的、庄严的、神圣的、历史的、精神的等。

对于审美中期作用的又境阶段，所对应的载体为情感载体，审美结果为审美情感，所运用的方法和指标应适合于评价审美的情感。

对于审美作用的终境阶段，所对应的载体为精神载体，包含审美所产生的意境和精神。

对于确保审美相互作用的机制和审美方式的审美关系载体的识别，与上述的审美层次不同，该价值识别的结果并不为分级和分类。而是详细列出这些条件和其存在于主体、客体或主客体关系中的对象。

表 4-2 中关键步骤 2，对于审美历时性价值识别应通过文本分析法、内容分析法及图像分析法，识别历史上审美的变化以及值得传承的审美价值。值得传承的审美价值的识别是在历史动态分析及古今对比的情况下评价出的。通过历时性审美价值的识别，为今天保护管理建立范式。

表 4-2 中关键步骤 3，识别审美的真实性和完整性，进而判断其审美价值的高低。通过真实性完整性识别后，审美价值的高低按照分级的方式呈现，表现为世界级、国家级和地方级三个等级。

以下内容将在国内外审美价值识别经验借鉴的基础上，具体阐释审美价值识别框架的不同阶段的价值识别方法和指标。

一、主体差异性审美价值识别

主体差异性审美价值识别分为两部分，即不同主体的审美价值识别和同一主体不同层次的审美价值识别。对于不同主体的审美价值识别所采用的方法为确定利益相关者的权重；对于同一层次所采用的方法为指标阐释。

1. 充分识别利益相关者

在审美过程中，不同主体所产生的审美结果不一定都具有审美价值。对于普通大众而言，在其审美能力及审美经验尚不丰富的情况下，不能认为所有主体都能产生审美结果。因而，需要在识别时分配审美主体的权重。

要特别关注他们所属的群体类型、持有的价值观念、文化修养以及审美态度。因所识别价值的特殊性，确定审美主体在审美价值体系中的权重。例如对环境载体的识别，因涉及生物多样性、文化多样性、地质地貌等专业的评价与鉴定，应以相关领域专家为主进行识别，应赋予专家很高的权重，并且以他们所识别的结果作为审美价值识别的最终结果。而对于体验载体、情感载体则因人而异，应考虑专家、普通游客、社区居民权重的平衡与适度。

依据上文构建的名山风景区审美价值识别框架，“始境”阶段产生的审美结果是审美感知与成像，为山水之“形”“感”“象”，所对应的载体为体验载体。每个审美主体都能形成自己的山水审美的感知和成像。因而体验载体价值识别的主体类型广泛，包括了美学专家、风景区管理者、普通游客、特殊游客、社区居民、相关机构

（非政府组织，NGOs）这6类。但并不是每一类主体在此阶段所形成的审美结果都具有价值，在这个6类人群中，审美专家、普通游客和社区居民所占权重较高。对于普通游客这类型人群的审美价值识别，应强调其群体性。

"又境"阶段所产生的审美结果是意象、象罔和情思。对应的是想象载体和情感载体。这部分载体常存在于诗书画作、游记、书启、碑帖、回忆录等记忆文献中，对于现实主体的山水审美体验，意象、象罔和情感难以捕捉。因此，这部分载体所涉及的主体多为具有权威性的现当代专家学者、古代的文人、具有典型性的游客和社区居民。

"终境"阶段产生的审美结果为观念、思想和意境，对应的载体为精神载体，存在于人们的思想意识中。要达到审美的终境阶段并非易事，是审美主体经由前两个阶段的准备，在超越形象、情感基础上实现的审美的涌现。只有自身修养和山水审美作用机制达到一定境界的主体才有可能达到此阶段。这部分载体所涉及的主体为古今文人和少数专家。

此外，我国名山风景区中多有居民居住生活，长期与山水环境融合形成了独特的文化景观，是我国山水审美诗意栖居意识形态下形成的结果。我国很多名山风景区的建设发展与村落紧密相关，人们在漫长生产生活过程中，适度合理地开发利用山岳及周边的环境，创造出了具有鲜活生命力的生存环境，如九寨沟的九个藏族村寨与山岳和沟谷环境形成了天人和谐的关系，九寨沟因九个寨子而得名，村落成为九寨沟审美价值不可缺少的组成分。因此，名山风景区中的社区审美不容忽视。段义孚在《恋地情结》①中认为，社区居民更加关注与他们的生产生活紧密相关的价值，关注景观之于他们功能上的意义，他们对于美景多已经习以为常，美景之于他们并不能构成审美吸引或审美注意，但与他们生活朝夕联系的景观却能引起或唤起当地人独特的情感，能让当地人作出纪念或冥想的行为。因此，社区居民眼中的审美较多地超越视觉刺激所带来的吸引，形成了与其生活要素紧密相关的审美意象与观念。且这种审美意象与观念，深藏于社区居民的情感和行为中，或多存在于口述历史、地方志等文献记载中，对其价值的评估需要在社区居民的充分参与之下进行，采用访谈、记录和历史分析的方式，在整个过程中应对社区居民的审美价值给予充分的尊重。

本书罗列了主体差异性审美价值识别中不同阶段所涉及的审美主体及其权重如表4-3所示。

---

① 英文书名为 *Topohilia：A study of Enviromental Perception，Attitudes and Values*。

表 4-3　名山风景区审美价值识别的主体及权重

审美的层次和阶段	审美结果	载体类型	主要涉及的审美主体	不同审美主体的权重及比例
—	物象	环境载体	相关专家与科学家	专家 95%，专家之外的其余人群 5%
始境	成像、感知	体验载体	普通游客、特殊游客、美学专家、管理者、社区居民、相关机构	普通游客、美学专家、相关机构，其中游客及美学专家为主
又境	意象、象罔、感情	情感载体 想象载体	现当代专家学者、具有典型性的游客和社区居民	专家 80%，专家之外的其余 20%
终境	观念、思想、意境	精神载体	少数现当代专家、文人	专家、文人 80%，专家之外的其余 20%
审美之“制”和“术”	主体审美条件 主客体作用关系条件；客体要素的关系 山水审美中的“术”	关系载体	相关专家、社区居民等	专家、社区居民占 80%
	社区居民的审美感知和观念	社区载体	社区居民	社区居民 60%以上 相关专家 30%左右，其余 10%左右

2. 同一审美主体不同层次审美价值识别方法

除了上述因主体差异性而产生的不同审美价值。对于同一主体的审美认识也应识别其层次性价值。以下依据审美价值识别框架中所构建的层次，阐释不同层次审美价值的识别详细方法及相应指标，分为物象层次、初境层次、又境层次、终境层次和它们之间的相互作用关系。几个层次及相互间的作用关系所对应的载体为：环境载体、体验载体、情感载体、思想载体以及关系载体，具体阐释如下。

1）物象阶段所对应的环境载体价值识别

在物象阶段，审美的进程尚未开始。审美所面对的对象依然是客观实在。此阶段审美结果对应的是环境载体，进而所对应的环境载体的特征倾向于自然科学性质的特征。通过对国内外审美价值识别的比较研究，审美价值的环境载体识别应该包含如下内容：

（1）生态系统及各种生物类型。

（2）地质系统及特征。如花岗岩、石灰岩经过不同的地质时期和地质作用而形成的地质多样性的特点。如黄山的奇峰怪石、南方喀斯特山峦地貌等。

(3) 栖息地或生态系统的特殊要素,如特殊的物种。

(4) 自然某一要素的特征或组合形成的特征,如水的颜色和清澈度,峰林的多样性等。借鉴世界遗产标准 vii 的评价经验,在评价时尽可能地找"之最"的特点,如我国最高点,最高的独立山脉、数量最多的山峰等。此结论的得出应建立在比较研究的框架上,在全国地质、生物、植被的研究框架中进行定量比较研究。

(5) 生物和地质过程,如鲸的迁徙、鸟的迁徙、潮汐作用等。

(6) 自然气象条件,包括自然的光景和音景。这是名山风景区的独特之处,由于山地复杂的地形条件,空气的抬升与下降,日出与日落,形成了独特的自然景观。这些自然景观与山岳的其余自然景观构成了壮美、神秘的景观,如黄山的飞云铺海、峨眉山的佛光等。

(7) 动物的聚集和大规模的迁徙,此项应考察动物的种类,迁徙数量、迁徙时间等,通过考察上述指标才能充分论证动物的迁徙所形成的"令人震撼的审美价值"。借鉴世界遗产标准 vii 的评价经验,以墨西哥帝王蝴蝶生物保护为例,在进行审美价值描述时阐述了蝴蝶的迁徙区域、迁徙距离和的迁徙数量、迁徙个体,并进行比较后综合得出这一单一物种迁徙的自然现象是最高级别的自然现象。

(8) 人类在名山开发建设中的艺术性创造,如所建设的亭、台、楼、阁、石刻、石窟、雕塑等。

(9) 人工创造与自然要素的和谐统一。如泰山的山城关系,形成"以城显山"的格局,泰山岱顶的建筑与山体的和谐共融。

在评价上述载体时应该本着科学客观的原则进行识别,尽量依据相关领域成熟的规范和标准进行识别,以专家评价为主。此阶段的识别不仅应认识到自然现象及表现,也应该认识到自然过程与变化。

基于上述 9 条对于审美价值载体类型识别,构建载体识别方法和指标来辅助环境载体价值的识别。对环境载体的识别主要为定量法和比较研究法,例如判断火山类山岳景观的审美价值时需要进行全国范围内的比较研究,应选取适当的因子证明火山山岳审美的突出性价值。所选取的因子可以是岩浆的质量(流畅、从热到相对冷)、火山活动的类型、火山喷发的质料(从小到大)及规模等。不同环境载体的审美价值应运用不同的识别方法和指标,相关环境载体识别内容及指标如表 4-4 所示,经环境载体识别与评价后,得出高、中、低三个等级审美价值。

表 4-4　审美价值环境载体识别内容、方法及指标

审美价值识别的内容	识别方法	美学相关的指标	自然科学相关的指标
生态系统和各种生物类型	描述法、测量法	丰富、多样、壮阔、奇妙、罕见、独特、巧妙、和谐、“之最”的特征	物种数量、种群数量、斑块大小
地质系统及特征	地理地形法（物理和生物方法，地理地形图的划分）		地质构造的典型性，地质多样性，种类、年代、成因等，某一方面地质上的特点
栖息地或生态系统的特殊要素	田野调查法、系统分析法		栖息地的完整性、物种数量、生态健康度
某些自然特征，某一要素的特征或组合形成的特征	比较研究、描述法		组合类型、数量
动物的聚集和大规模的迁徙	比较研究		动物的种类，迁徙的数量等、自然气象条件
人类艺术创造	统计、描述		人类建设与自然的关系

2）始境阶段所对应的体验载体价值识别

始境阶段是人们刚进入审美的初级阶段，此阶段是“观”“感”“性”的作用，得到的审美是“感”与“像”，所产生的审美结果为审美感知与图像，此阶段所对应的载体为体验载体。我国山水审美最主要的特点是“以大观小”，古代虽存在“张绡素以远映”透视认知，但最终形成了“徘徊移动，游目周览”的游观方式。因此，我国山水审美视觉载体价值的识别方法应该既有对象式的识别，即站在某一视点上所观景物的场景，又有游观的识别，即游览空间序列识别，更有对山水饱游饫看后整体涌现。

基于此认识，中国名山风景区初境阶段的审美体验载体是人们通过眼、耳、鼻、舌、身五感，通过审美活动对环境产生的感觉、知觉以及它们形成的特征的载体，可细分为视觉载体、听觉载体、嗅觉载体、味觉载体、触觉载体 5 个亚类以及它们组合的“通感”。这些载体通常通过空间或视点媒介来体现出来，在视点上的表达媒介为观景点上所看见的场景，依据场景上所见景象，又可将场景分为宏观、中观和微观 3 种尺度。在空间上的表达媒介为景点、景群、游线及空间序列。在“初境”阶段的审美作用中，还表现出审美的 5 种感官相互作用的结果，钱钟书称之为“通感”。“观”在前文的价值框架中解释为审美注意，在此阶段，审美主体的注意力会长时间

停留在物象的形式结构本身，如对象的形式、结构、色彩等要素上，充分感受到对象“合目的的形式”。结合东西方山水审美的判断标准，此时审美评价指标应是中国传统山水审美中所形成的特征指标和西方风景审美的相关指标，如审美心理学中所产生的指标和西方形式美学原则下所产生的指标。本书以下逐个对审美价值体验载体所涉及的亚类载体构建其识别方法和指标。

对于初境阶段所产生的“感”与“像”所对应的体验载体为感官载体，载体的物质空间形式为场景、景点、景群、游览路线及空间序列。不同空间组织形式的载体所对应的识别方法为场景对应静观法，这种方法关注审美客体的和目的形式，所运用的指标为形式美学、审美心理学、中国传统审美的指标。景点、景群、游览路线及空间序列评价对应空间体验法，空间体验法又可以称为漫游法或“游观法”，此方法根植于我国古代传统山水审美，具有传统山水审美的特性。这种方法关注审美主体在审美活动中的动态对客体所形成视像和场景的组合，所获得的审美体验为步移景异。对听觉、嗅觉、味觉、触觉等载体的识别方式应该选择相对适合的方法。现将不同载体亚类所包含的内容和识别方法列举并详细阐释，如表 4-5 所示。

表 4-5　名山风景区审美价值体验载体及识别方法

价值载体	载体亚类	载体的空间组织形式	识别方法
体验载体	视觉载体	场景(即为某观景点所看见的风景)，依据观景的内容可分为宏观、中观、微观三个尺度。	静观法——同如绘式欣赏模式，是指从一个点看待的风景，是符合瞭望—庇护原理的观景点
		景点、景群、游览线、游览空间序列等。	空间体验法——同游观，是动点观察所得和空间序列的感受
		所涉及细微载体有色彩、材质、空间、体块、细节、运动、整体以及它们的组合，突出的地标、景深、高度的艺术和技术成就	
	听觉载体	各种声音	安静区域划分、氛围区域划分
	嗅觉载体	各种气味	氛围区域划分
	味觉载体	各种味道	
	触觉载体	肌理、质地等	人与环境的接触方式

场景识别法是一种静观审美评价方式。场景这个词源于戏剧，最根本的源头是风景画，风景中的场景是指在一个取景框中所见的风景。在场景识别时所涉及

的与人的审美体验紧密相关的要素有：视点与风景距离的远近、视点高度（俯视、平视、仰视），所涉及自然环境的要素有光线、画面中各种景象以及它们之间的组合。由于场景与如绘式欣赏、静观欣赏有密切的联系，综合东西形式美学和中国传统山水审美，场景识别的关键指标为：

（1）层次性。关注主体所站立的位置与景观距离人的远近、主体的视点高度，近中远三个层次所形成的前景、中景、远景。

（2）丰富度。在风景画面中，色彩或形式构成的丰富度。

（3）吸引力。风景是否有独特的或与众不同的特征，如具有明显的地标，可以吸引大众的注意的突出之处。

（4）趣味性。在特殊的气候条件或地质作用下，风景是否能形成一种妙趣横生的现象，如有趣的形态、奇特的自然现象。

（5）和谐度。画面中各种景观要素相互搭配是否协调，人工设施的建设与自然风景之间是否协调。

（6）形式性。是指场景所表现出一定的形式感。满足形式美学、格式塔心理学美学的构成方式，如画面形成完形，画面呈现出韵律、动感等。

景点识别区别于场景识别，景点识别具有空间维度，所考虑的是人置身于空间中的体验与感受。在识别时涉及人在空间中所的位置、人的视点、人在空间的运动轨迹；所涉及的自然环境要素为空间的围合度、空间的边界、对比大小及差异、游径与空间的关系。在识别景点时的关键指标为：

（1）开阔度（旷景）。观者在空间中所处位置较高，所见天穹面积较大，对应中国山水画中的“平远”或“高远”。

（2）闭合度（奥景）。观者所处的位置较低，周围景观的围合度较高，天穹面积小，对应中国山水画中的“深远”。

（3）幽深度（幽景）。在景观围合度较高的情况下，主体处在空间中所站视点与目之所及的尽头有一定的距离，在空间中景象的纵深较深。

（4）艰险度（险景）。是指主体所在的位置形成景观体验给人造成较为强烈的不安全感。比如自古华山一条路的“华山峪”，其中有一段路是开凿在悬崖峭壁之上，登山体验一面是悬崖峭壁，一面是万丈深渊。艰险所带来的审美高峰体验不言而喻。

（5）奇特度（奇景）。是指景观所给人的审美体验平常罕见，审美体验超过了人们审美经验的储备，而这种罕见的特征也呈现出特殊的美。如历史上黄山松的“奇”自明末清初以来就被广泛认可，不仅因为黄山松自身的形态各异，虬枝铁干，更因为黄山松生长海拔较之于普通松树高，看似很小植株的松树也有上百年的历史，这种现象在其余的名山风景区非常少见，因而黄山松独奇。

（6）秀丽度（秀景）。是指景观给人带来秀媚可亲的感觉，形态变化丰富，整体呈现柔美之感。如峨眉山以天下秀而闻名，是因为从审美角度，峨眉山丰富的植被软化了山体的轮廓。

（7）雄壮度（雄景）。是指景观中观者所处的位置以及和某些要素的比例在人的视点造成了一种非常伟大的效果。如泰山的山体与地平面造成的对比，拔地而起，雄伟壮阔。

（8）丰富度。在空间中构成的景观类型或要素数量较多，能够形成比较丰富的色彩、形态或组合特征。

（9）完整性。是指风景特征完整、没有受到损害，景观要素连续，没有残缺的部分影响了整体的审美体验，累积的景观效果和持续性的风景效果较强，人类的活动没有对风景的完整性造成影响。

（10）真实性。是指风景构成要素的真实，形成审美价值的要素能真实地承担审美价值载体的功能，没有虚假、伪造的信息。

（11）和谐度。是指景观与周围的人类环境协调一致，不会产生突兀的感觉。人工建设与自然环境之间没有产生冲突，形成了协调的关系，人工建设也成为自然环境的一部分。

（12）动态性。是中国名山风景区的特征所在。名山的烟霞云彩本身具有动态特征，这些动态特征为名山增添了神秘的气氛，为名山的美增加了“仙”气。

游览路线和游览序列识别是场景识别与景点识别的结合，加入了人在风景中的运动及时间要素。中国传统的山水审美强调“游观”，郭熙在《林泉高致》中阐明中国绘画的要旨是“可游、可居、可观、可赏”，古人留下了大量的山水欣赏诗文、游记、绘画创作也充分展示了游观的体验，向世人展示了在山水欣赏和游进过程中所观察到的景象变化，听见的声音变化和感受到的气象变化等。也正是因为这种“游观”方式的存在，使得中国山水画形成了著名的“六远”理论。本书以此为基础，构建游览空间序列识别的指标应包括：

游览路线的位置，游览路线与周围景观的关系；传统中国山水审美中的游览方式（步行、船行或其余工具）；游览过程中所看见的景象以及它们组成的完整序列。此外，还应包括完成该游览后对游览路线的整体涌现、总体感觉。

在景点和游赏空间识别时，应融合听觉、嗅觉、味觉和触觉四方面的审美识别，特别注意对通感进行识别。

听觉的识别与审美环境自身的声音特质以及审美主体所在的空间距噪声源的远近有关，自然声景效果好的即为最佳声景。自然声音包括鸟鸣、水声，与自然声音相和谐的人为声音如琴声、笛声、箫声，以上要素均为审美听觉载体。此外，一些以声景为主的游览路线也是重要的审美听觉载体。对于声景价值识别方法为划定安静区域或自然声音区域，应通过声音监测，划出安静区域和自然声音的边界，划定安静程度、自然声音程度的评价指标。嗅觉、味觉、触觉载体应融入景点的识别中，是人们在空间审美体验中形成审美的组合要素。将审美价值不同类型体验载体的内容及所对应识别方法、相关指标和价值对应的空间载体总结如表 4-6 所示。

表 4-6 不同的审美价值体验载体识别方法、指标及空间载体

价值载体	载体内容	审美识别方法	运用指标	空间载体
视觉载体	色彩、材质、空间、体块、细节、整体以及它们的组合，突出的地标、景深、画面构成、杰出的艺术和技术成就；如绘式的图像、游览时间和路径	场景识别法（形式美学、格式塔美学识别法）、景点识别法、游线识别法、空间序列识别法	层析性、和谐度、对比地、戏剧地、吸引力、趣味性、丰富度、形式性、开阔度、闭合度、丰富度、完整性、有深度、艰险度、秀丽度、奇特度、雄壮度、整体感、野趣感等	场景分级及特征描述 景点分级及特征描述 游线列举及特征描述 游线分级 视域、视觉通廊列举
听觉载体	各种声音	声音判读法 安静分区法	清脆的、悦耳的等	安静区域划分和区域声音、特殊音景游线
嗅觉载体	各种气味	气味辨识法	芳香的、清新的等	融合在景点识别中
味觉载体	各种味道		美味的、甜蜜的等	
触觉载体	不同的质感和肌理	触摸法	愉悦的、突出的等	
通感载体	通感	内容分析法、涌现法	有声音的颜色、有气味的声音等	融合在场景、景点、游览序列中

此外，据统计以标准 vii 列入的世界遗产，在审美价值体验载体识别时常用到的指标还有可能包括以下方面，可以为“始境”阶段体验载体的识别提供借鉴参考。

多样的(形成、动物、形状、色彩、特征、尺度)
组合的、镶嵌的(地形、特征)
富足的(动物、鱼类、鸟类、蝴蝶、瀑布、特殊特征)
对比、并置(形式、特征、色彩)
戏剧化的、显著的、影响的
神奇的、期望的
变化的(季节、天气、光照)
庄严的、巨大的
深度、陡峭、上升、下降、塔状
壮观的、景象、标志性
比例、高度、可见度(特别是山脉)
复杂、复杂地、锦绣地、对比强烈
生物多样的、保护的
自由的、鲜活的、热血的
独立的
广阔的
……

但在真实的山水体验中，存在着五感的混合作用，使得临场的审美效果不是1+1=2的简单叠合，而是1+1>2的化合。钱钟书先生(1962)在《通感篇》一文中有所论证，认为“视觉、听觉、触觉、嗅觉、味觉”可以打通和交通，“眼、耳、鼻、舌、身各个官能的领域可以不分界，颜色似乎也有温度、声音似乎会有形象、冷暖似乎有重量、气味似乎有锋芒。”孔颖达有言：“声音感动于人，令人心想其形状如此。”由此可见，对于听觉的把握不仅仅只有耳朵这种器官，视觉辅助有利于声音的感知，反之亦然。

在“始境”阶段通过指标和相应的评价方法运用，可得到的审美价值评价结果为：场景分级、场景中审美价值和载体间的关系、景点的分级、该景点中的景观要素和相互之间的关系、景群的分级以及构成景群的各景观要素间的关系，游览序列及其特征。此阶段所识别的审美价值，也将为下一阶段基于审美价值识别的保护对象的建立提供依据。

3）又境阶段所对应的情感载体价值识别

审美进入“又境”阶段，“意”“德”“心”“思”等作用，得意象、象罔与情思。这一时期产生的审美结果为审美情感，因而所对应的载体为情感载体。在此阶段，简单的行为要素已经变化成为心理要素。参与审美的心理要素及其相互关系，决定了这一阶段的审美结果。这种情感是因美感而生，混合了人们的审美判断、审美理解和审美思考而产生的情感，此阶段的载体为情感载体。

名山风景区的审美情感包括个人的情感和集体的情感。审美的情感因人而异，本书在此无法穷举和逐一研究个人的情感。本书所研究的是具有共识的、经历了时间和历史考验的、经典的、具有范式性意义的情感。比如对泰山的崇拜与敬仰，在历朝历代的审美情感描述和评价中都常常出现的词有：庄严、神圣、神秘、力量、激励和崇拜等，这些用词不仅仅局限在某个或某类型人身上，出现范围广，时间久，已形成共识。识别这类载体的方法有：访谈法、内容分析法、文本分析法及图像分析法等。通过分析审美主体创作的诗文、画作、游记和书启等，或直接对审美主体进行访谈、问卷可了解审美主体当时的情感。但情感的产生因人而异，因主体的文化背景、见识阅历而异，因此，本书仅列举具有代表性的情感指标及其案例来探讨说明，如表 4-7 所示，但难以给出判断情感的具体方法。

表 4-7　具有代表性的审美情感及其指标举例

<table>
<tr><th>审美情感评价指标</th><th>相关联的景观要素</th><th>空间举例</th></tr>
<tr><td>庄严感</td><td>山水的空间构成或给人的体验能够使人从特殊的体验中产生肃穆之感，使欣赏者对眼前的景观肃然起敬或怀有敬畏之情</td><td rowspan="2">泰山的登山路线，尤其是南天门一线，垂直而上的登山步道，使人们对南天门及泰山产生崇拜、敬畏之情</td></tr>
<tr><td>神圣感</td><td>景观的空间构成以及给人的体验能够使人从特殊的体验中产生神往之感，使欣赏者对眼前的景观非常崇敬</td></tr>
<tr><td>平静（宁静）感</td><td>景观的画面感或空间围合方式能够提供亲密的空间或沉静的瞬间，通常与寂静、遥远相联系</td><td>—</td></tr>
<tr><td>场所感</td><td>能够识别地方性、地方的特征与质量，产生出独特的景观感</td><td>—</td></tr>
<tr><td>舒适感（包括轻松感、亲切感等）</td><td>景观提供适宜的活动和一定的可进入度，景观类型多样性能够满足个人偏好和个人的兴趣</td><td>例如峨眉山清音阁，汹涌的黑白二水穿峡而出，汇合于牛心亭下的水潭。山谷高深，两水飞泻，其声激越。楼阁亭台和小桥依山傍水，使自然山水和人工景物巧妙地配合在一起，组成了绝妙的自然景观（引自双桥清音解说牌）</td></tr>
</table>

（续表）

审美情感评价指标	相关联的景观要素	空间举例
历史感	景观传达出一种历史感和连续感，通过地质地貌、历史建筑能够反映出来连续不断的历史和久远之感	我国诸多名山风景区的石刻都具有厚重的“历史感”，如泰山的经石峪，其色彩和质地都体现了金石峪历史的悠久，从字体被流水剥蚀和冲刷的状态，可以推测开凿历史的悠久
奇幻感	景观的特殊构成、形式、空间结构、色彩等，给人一种奇特又类似幻觉的不真实感	黄山的峰林，如黄山西海门的峰林形状多样各异，因为天象景观的作用，使得峰林的动态感十足，并且备诸幻肖
神秘感	景观的某些特殊特征能传达出一种与人类常识不相同的感觉。超出人类知识所能解释的范畴	泰山的碧霞宝光是在特殊的天象条件下产生的，可见次数极低，如同神来显灵，因而具有一定的神秘性
孤寂感	这种体验与孤独的瞬间联系起来，可能产生于或者与标志性的野生动物、大树，古老的或相反文化特征产生互动	嘉峪关、雅丹地质公园因其粗野的地质地貌，罕有人至，几乎为完全荒野的自然状况，不免给人造成孤寂的感觉
激励感	景观需要有特殊的美、戏剧化的特征、发自肺腑的、完全荒野的、浪漫或有力量的特征	泰山的南天门，当登上它的时候，能深刻体会艰难中的激动

想象载体是人们在“又境”审美阶段产生的意象和想象，这类审美结果不一定有实际的物质或空间载体。这类载体最大的特征就是存在于审美活动的过程中，识别这类载体的方法是研读审美主体审美时留下的诗文、画作、游记、书启等，即文本分析法，本书尝试构建诗文创作理法的分析方法来分析的审美的中的情感与精神，从中领悟主体彼时彼地想象与联想，从而提升对想象价值的识别。

4）终境阶段的精神载体

道、神、悟、气进一步作用，得到审美思想、意境和审美的精神。在此阶段，客观物象已经渐渐淡出人们的意识，审美的获得已经超脱于客观事物，达到纯粹精神的满足。精神的载体是人，包含了人们在山水审美“终境”阶段体悟到的山水审美的境界，产生的山水审美精神与思想。精神载体源于审美体验却又超越了审美体验，是审美体验中的最高级别，中国山水审美的意境，是情景交融而层递出现的艺术形象（刘九洲，1987）。

意境、思想等很难用指标进行衡量，因而精神载体价值的识别难以用定量的方法。意境及思想多存在于古人的诗文、画作中，具有高度抽象性和符号性。意境由表层结构和深层结构两部分构成，表层结构是情景交融的审美感觉，深层结构是“象外之象”，是一种可以到达永恒的精神，这种精神不仅能给人审美享受，更能陶冶人们的情操，实现精神和人生智慧的启迪。这部分载体源于审美体验，却超越了审美体验，是审美主体将自己的文化背景、个人经历等与审美感受交融提炼而产生的更高层次的领悟，对主体的人生产生了启迪。意境和思想的形成多为涌现的结果，并非线性逻辑直接生成，因而难以有固定的方法识别和评价“意境”。在我国古代山水文论画论对意境的获得和阐释中认为，意境的产生是“顿悟”“妙悟”“渐悟”“开塞”的瞬间。基于此认识，本书认为意境和思想的识别方法为“妙悟法”。

5）主体差异性审美价值识别方法的定性定量说明

上述阐明了审美在不同层次所产生的载体价值及其相对应的识别方法和指标，本小节对各识别方法在定性、定量方面加以说明。总体上讲，环境载体是以定量识别为主，辅以定性描述。定量研究指标主要参照并依据自然科学的相关指标，如种群数量、生物种类、地质年代、面积和规模等；因为识别的专业性与客观性，审美价值识别主体主要为专家，专家识别权重占到了95%。

体验载体主要采用定性结合定量的识别方法，定性的方法主要体现在通过视觉感知确定场景，通过听觉、嗅觉、味觉等确定安静区域和特殊氛围区。通过内容分析、扎根理论、访谈等定性方法识别审美情感。通过定量研究的方法测试游客的偏好度。对于情感载体、想象载体、精神载体这些难以定量的载体则以定性识别描述为主，审美不同层次所对应的载体价值的定性定量识别方法详见表4-8所示。

表4-8　各层次载体价值定性定量识别说明

环境载体			
载体名称亚类	识别方法		识别方法评述
生态系统和各种生物类型	描述法	此部分以专家评估为主	定量为主
地质系统及特征	地理特征法、描述法		定量为主、特征描述为主
栖息地或生态系统的特殊要素	统计法、描述法、比较研究法		定量为主
某些自然特征，某一要素的特征或组合形成的特征	描述法、统计法		特征描述为主，定量为辅，寻找“之最”的特点

（续表）

<table>
<tr><th colspan="5">环境载体</th></tr>
<tr><td colspan="2">动物的聚集和大规模的迁徙</td><td>比较研究法、描述法、统计法</td><td rowspan="2">此部分以专家评估为主</td><td>定量为主结合特征描述</td></tr>
<tr><td colspan="2">人类艺术创造成就</td><td>统计法、描述法</td><td>定量为主结合特征描述</td></tr>
<tr><th colspan="5">其余载体</th></tr>
<tr><td rowspan="5">体验载体</td><td>视觉载体</td><td rowspan="5">场景识别法（游客偏好度识别）
景点识别法
游线识别法</td><td rowspan="9">在识别初期广泛吸收利益相关方的评价，专家进行最终决策</td><td rowspan="5">定量地测试游客偏好度；
对不同类型的场景或景点的偏好度进行测试；
对同一类型的场景或景点的喜爱程度进行光谱（Spectrum）测试；
辅以定性的风景特征的描述</td></tr>
<tr><td>听觉载体</td></tr>
<tr><td>嗅觉载体</td></tr>
<tr><td>味觉载体</td></tr>
<tr><td>触觉载体</td></tr>
<tr><td colspan="2">情感载体</td><td>访谈法、内容分析法、现象描述法</td><td>定性描述为主；辅以内容分析法，运用编码手段可部分量化</td></tr>
<tr><td colspan="2">想象载体</td><td>内容分析法、历史考据法、文本分析法</td><td>定性描述为主</td></tr>
<tr><td colspan="2">精神载体</td><td>内容分析法</td><td>定性描述</td></tr>
<tr><td colspan="2">关系载体</td><td>内容分析法、访谈法</td><td>定性描述</td></tr>
</table>

二、历时性审美价值识别

名山风景区是历史上名人志士共同开发创建的风景区，审美价值历经了历史的选择与淘汰，传承至今的审美价值应该得到充分的识别承认。审美在每个时代都因其时代背景和价值观不同而呈现出不同的倾向，弄清楚审美变迁的来龙去脉将有助于还原不同时代审美的变迁，有助于我们站在当前的时代背景下作出对审美价值正确的判断。通过对审美价值历时性的分析和识别，确定那些值得传承的审美价值，为山水审美欣赏建立范式。历时性审美价值的识别主要内容包括以下 3 个方面：

（1）以审美之“象”的识别为中心，对历朝历代不同主体所产生的审美结果进行梳理，以审美之“意”“术”“制”等其余方面识别为背景，识别出历朝历代的审美之“象”。在历时性审美价值中所指的“象”应包含：物象（自然与人文环境），审美的感知（观景点上所见），意象（观景与情感的结合），对应审美价值识别关键步骤 2-1（表 4-2）。

（2）比较研究审美之“象”的历时性变化，“象”在历史过程中的传承与发展，历史的淘汰与选择，确定值得传承的审美价值，对应审美价值识别关键步骤 2-2（表 4-2）。

(3) 古今对比,识别今天审美价值与传统审美价值的差距,为今天审美价值识别与保护管理建立范式,对应审美价值识别关键步骤 2-3(表 4-2)。

对于历时性审美价值的识别方法主要为文本分析法、内容分析法、扎根理论和图像分析法等。通过图文结合的分析方式,以文字来推测图像,以图像来验证文字,从而达到图像证史的作用。通过文字和图像互证的方式,确认审美之“象”分析的准确性和可靠性。

对于历时性审美价值识别的技术路线为:利用扎根理论等方法对文献进行编码,然后通过词频统计、内容分析等方法,找出不同历史时期审美之“象”的变化和变化趋势。分析结果为词频频数变化和热门景点变化等。再通过文本分析的法,通过对作为背景的“意”“德”“制”的分析,分析引起“象”变化社会背景和原因,充分辅助理解历朝历代审美的变化。对历时性山水审美的识别以古代诗文和图像为基础,应当建立适当的方法从古代文本和图像材料中识别出审美价值。基于此,本书从文本和图像两方面建立了历时性审美价值识别的方法,分别称之为诗文创作理法和图像分析法。

本书通过对诗歌创作理法的研究,建立了诗歌创作理法与山水审美要素之间的关系。将诗歌中的“象”分为单纯的“象”、复合的“象”和动态的“象”,分别与风景欣赏的景点、色彩、声音、形态、空间、风景组合和游赏序列建立联系。将诗歌中的“意象”与风景组合、风景对比建立联系,将风景中的拟人、意境等与山水的整体气质建立联系,山水诗文创作理法与风景欣赏的关系如表 4-9 所示。

表 4-9 山水诗文创作理法与风景欣赏的关系

创作层次	山水诗中的象		山水诗的创作理法	山水中的要素
写形	静态的意象	单纯的意象	名词、名词片语通过 3 种不同的句型并列组合而成(断续型、倒装型、条件型)	景点 色彩 声音 形态
		复合的意象	明喻,以一物比另一物	
			暗喻,以不可见之物比眼前之物	
	动态的意象		主—动—宾	时间 风景组合
			主—动—宾—状态(或结果)	
			主—动—宾(地点)	风景序列,游线

（续表）

创作层次	山水诗中的象	山水诗的创作理法	山水中的要素
达意	意象或象外之象	文字的对比、对偶、对仗	空间 风景组合（高低、远近、山水、色彩等） 风景对比（大小、朝夕、四角方位、色彩等）
		综合法①、拟人、比德	山水的整体气质的涌现
传神	意境	物我相即相融；物我若即若离，物我或即或离	风景欣赏中主体价值观、文化背景、审美方式等

在图像分析方面，本书通过引入相关学科的图像分析方法，建立起了图像分析与风景欣赏的关系，通过画面景观类型、主景类型，山水画中的“游观性”特性，画中的点景人、景象组合分析来建立黄山图与风景欣赏的关系，如表 4-10 所示。以黄山山水图像分析为例具体阐释如下。

（1）从画面上直观地读取景点名称、景观类型以及各景观类型所占比例，将画面主要景观按照与当代景观分类可以接轨的分类方式分为：山景、水景、声景、光景和人文景观。分类原则为：画面中以山体为主导的被归为山景；画面中以水为主导的则视为水景；画面中以天象景观，如云海、太阳等为主则为天景，也包括大量留白的画面；画面中以树木、花鸟为主的则视为生景；画面中以人文景观为主，如建筑、亭台楼榭则视为人文景观，在黄山案例中的详细分析过程见第五章。从画面的主景图像、景观类型，能够判断山水的整体美感和景观类型，通过对于景观类型画面进行频数统计，可知在历史上热门的景观类型。

（2）以“游观性”为基本原则，建立山水画的画幅，特别是黄山图册页与风景游赏路线的关系，以画幅的形式、册页阅读方式判断游览路线和途径景点。“游观性”是中国传统山水审美重要的特性，如《系辞》中所说，“俯仰往返，远近取予”“仰则观象于天，俯则观法于地，观鸟兽与文与地之宜，近取诸身，远取诸物”。早在先秦，中

① 例如谢灵运《过始宁墅》所展现的始宁（今浙江上虞县东南）附近的山水画面，“岩峭岭稠叠，洲萦渚连绵。白云抱幽石，绿筿媚清涟”。从创作的手法上可以看出，作者是一句写山水、一句写高、一句写低、一句写近、一句写远、一句写色、一句写朝、一句写夕的对仗形式。因此，山水诗中所描绘的山水景物往往不是按照视觉接触的先后顺序逐步呈露，而是将仰观、俯瞰、傍眺、远望、近察等不同视点所览之各色物象，共存并置于空间，表现诗人在大自然的观赏中整体的审美体验，涌现出一个万物万象的共存并发的山水世界（王国璎，2007）。本书称之为综合法。

国人即形成了“游观”的空间意识。这也使得中国的山水画形成了有别于西方取景框式绘画及构图方式。

(3) 从画面中的人物，即点景人物，包括单独的点景人或者多个点景人，判断是否为某次集会、雅集或者群体性的活动。依据点景人所在的位置，结合画面的其余信息推测得最佳观景点以及在最佳观景点上所见的视像，点景人还可以暗示画家对路线的选择。以梅清《黄山图》第 5 开《文殊院》为例，此图表现了天都峰、莲花峰、文殊院三景。通过题跋可知文殊院是黄山的“中央土地”①。画中三个点景人所在平台，正好是左观天都峰、右观莲花峰，前观三十六峰与云海的最佳位置。再如石涛、梅清都描绘过的鸣琴泉一景，二人所描绘的鸣弦泉都与点景人的位置相对，正好在点景人主要视线范围内。梅清的《鸣琴泉》一开中，画面点景人侧倚一棵松树，暗示此人所站位置便是最佳的观泉位置，该观泉位置与今天观景点基本一致。点景人还暗示了画家对游赏路线的选择。以梅清《黄山图》第 3 开《百步云梯》(图 4-1)为例，画面构图偏于右侧，画面的不稳定感暗示该画描绘的是游览中的某一过程。画家巧妙地运用了位于画面中右部的 3 个点景人和位于画面中下部的几级台阶，表现画中游人正拾级而上的登山过程。使得百步云梯“一线直上，三面皆空，经过许久，至今心怖”(梅清，《黄山图题跋》，清)的感觉瞬间跃然纸上。石涛《黄山八胜图》第 5 开的莲花峰、莲蕊峰一图，描绘的是莲花、莲蕊两峰的位置，仔细读图会发现前景的莲蕊峰上，有两个正在登山的人，暗示了此路是上山之路，并且清晰地展示了登山道与山体的关系(许晓青，2014)。

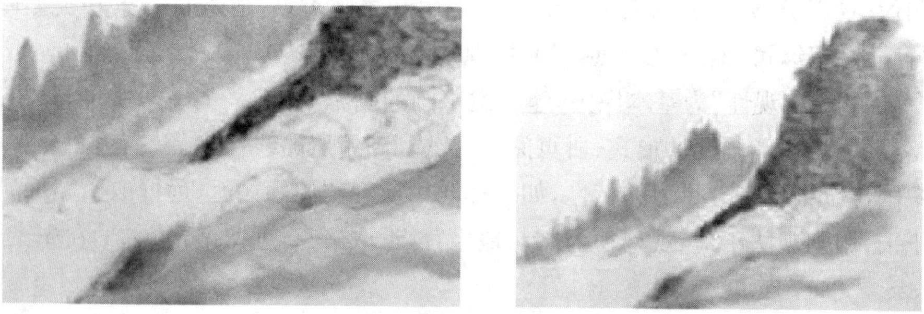

图 4-1　梅清《黄山八胜图》之《百步云梯》

(来源：梅清《黄山八胜图》，现藏于故宫博物院)

---

① 题跋原文为：“文殊院乃黄山中央土也，左天都，右莲花，三十六峰，四面罗拜其前 。其下溟更铺海，真奇观也。”引自梅清《黄山图》(第 18 开) 与第 5 开《文殊院》。

（4）景象组合。《黄山图》中一些画面采用了三远的构图方式，画家根据对所游景点选择后进行景象组合，体现出了山水画的游观性。景象组合是山水画游观性的终极表达，是画家在完成山水游历后，凭借个人对山水的记忆和对景象的评价，运用山水画三远构图原则进行取舍、组合的创作手法，是画家对山水气质的整体把握和对山水审美的整体涌现。景象组合既能反映画家对风景的整体理解，又能反映画家对景点的筛选与评价。以梅清黄山图第14开《汤池》为例，此图是画家游观后凭借记忆进行景象组合而成。画面中包含了黄山白龙潭、白龙桥、桃花溪和汤院等景点，这些景观在实际空间上彼此分离，在实际风景游赏中也并不存在可以一览全局的视点。画家采用了横幅全景式构图，通过三远构图原则，拼合了在若干视点上看见的景象，去掉了景点间的障景要素，最终形成了这开图像，表达了对黄山白龙潭、桃花溪、汤院一带山水相间、幽深丰富的总体印象。而这种整体印象，如若不是从总体的视角来把握，也是不可能获得的。景象组合的画幅虽不能成为古今对照的直接依据，但有利于推测画家对黄山的综合印象（许晓青，2014）。

（5）将图像与文化意义关联分析，可推测画面与画家文化、价值观之间的联系。图像中的某建筑也许是当时某文人雅士的居所，图像空亭母题的出现与归隐、遁世山林之间的关系。画家所持有的价值观、时代的观念、画家本人的文化修养都有可能通过画面图像和符号体现，画家游赏山水时行进的路线和体验山水的方法也能从图像分析中略知一二。

（6）图像背后意义的阐释。《黄山图》绘画欣赏者、捐助人、购买者，绘画创作与社会的关系，也就审美在“用”与“制”方面的体现，也可以从分析黄山图的作用以及它与社会的关系而得到。将上述6点图像分析方法与风景游赏关系汇总，如表4-10所示。

表4-10　图像分析法与风景欣赏关系

山水画	黄山图	风景游赏
画面主景	画面主景	主景类型
画幅、读图方式	游览路线、途径景点	最受欢迎的游览路线、景点
点景人	观景点、游赏活动	最佳观景点、游览活动、路线选择
景象组合	景点取舍、景点组合	整体的山水审美、景观类型
文化意涵	图像所表现出的文化符号	风景欣赏主体的价值观、文化背景
绘画的用途、功能	捐助人、创作者的社会关系	黄山审美的思想与意识

因此，历时性审美价值的分析，需要以文献和图像资料为基础，分析出历史上记录的“象”的内容及其变化，黄山之“象”与审美其余几个要素之间的关系。通过

分析得出黄山历史的上著名的景点、游览路线以及古人的游览方式，并且通过相关性分析，得出审美价值变化的社会动因和机制。

最后通过价值评价，提炼出值得传承的审美价值与结果。在价值识别的基础上，进一步识别和明确今天仍得以保留的值得传承的价值和已经消失的价值以及它们各自的载体。

本书将在第5章以黄山历时性审美价值的识别为例，详细阐释历时性审美价值识别方法与流程，并验证此方法的适用性。

三、审美价值真实性完整性识别

对于审美价值完整性的识别与保护，主要参考《实施世界遗产公约的操作指南》44段第3条的规定，但对于审美价值环境载体所涉及的生物多样性、地质多样性、栖息地完整性的保护，应该按照其余几条标准的完整性保护来执行。名山风景区审美价值识别中涉及人文资源的部分，应当按照真实性原则来评价和保护。一些学者认为，我国的名山风景区是自然与文化融合的产物，在自然山岳环境中包含了诸多文化景观的要素，我国的名山风景区的保护应该本着“真实性与完整性结合”的原则(谢凝高，1993)。

根据审美价值的特殊性和审美的不同阶段产生的审美结果，审美价值的真实性完整性还应依据审美不同层次产生的结果进行识别，阐释如下。

在“物象”阶段环境载体的真实性完整性主要考察自然资源和文化资源保护地的完整性和真实性。在“始境”阶段所产生的体验载体，其真实性完整性在物象阶段真实性完整性保护的基础上，需增加对非对场景、视域、景群和氛围真实性、完整性保护的识别。应在考察历史及其变化的基础上，确定应该保护且具有真实性和完整性的氛围。“始境”阶段所产生的空间载体，分为宏观、中观、微观三个层次。因此，对于真实性和完整性的要求，应该考虑到空间尺度的适用性。对于宏观、中观的载体，要求名山风景区范围内组成载体特征的要素之间空间和时间关系完整，如格局、层次、空间的序列等的完整，并且它们的真实性没有受到影响或改变。对于“又境”和“终境”阶段所产生的情感和想象载体以及精神载体，以及确保审美过程得以实现的“关系载体”难以确定其真实性的标准，但应尽量通过访谈和评估确保其精神和情感的真实性。对于关系载体所对应的审美之“制”和“术”，包括了确保能产生审美的条件，存在于主体中的主体审美心胸条件，客体间要素的相互作用关系，主客体作用时所产生的关系，都应在识别时确保其真实性和完整性。而对于历时性审美价值的识别，在识别过程中应确保资料来源的真实性和识别过程的真实性。

四、名山风景区审美价值总体描述

通过上述审美价值识别环节及其识别结果，就能形成审美价值的总体描述。审美价值的总体描述用以阐释审美价值的总体特征，可理解为一处名山的综合审美状况与整体气质。

本书分析比较了澳大利亚、美国、英国等国在规划中对于审美价值的总体描述，认为审美价值的总体描述应该具备以下内容和特点：名山风景区在审美上给人留下的总体印象；最鲜明的特点是什么；具有哪些突出的自然和人文景观特点，它们的载体是什么；在历史上的审美价值是什么、具有什么地位和影响力；哪些审美价值得以延续至今，依然是审美价值的重要方面；审美价值的真实性、完整性如何；在本次规划中，审美价值的理想状态；等等。

以下通过分析4个案例的比较研究，说明规划中适宜审美价值总体描述的基本内容。所选案例1为澳大利亚《巴拉宪章》中规定的审美价值的内容，案例2为世界遗产地黄山SoOUV的总体陈述和标准vii陈述，案例3为世界遗产地泰山SoOUV的总体陈述和标准vii陈述，案例4为我国某风景名胜区规划中对于审美价值的总体陈述。

澳大利亚通过联邦立法的《巴拉宪章》，规定在规划中审美价值描述至少应该包含：人们对场地的审美感知和情感、审美的物质和非物质载体、审美质量、体现审美价值的技术和艺术成就。[①]《巴拉宪章》是在世界遗产操作框架下的对于"特殊的自然美和美学重要性"阐释。在审美价值总体描述中值得借鉴的是，纳入了感知与情感的以及非物质载体的描述。因此，总结起来，国际上通用的、具有一定客观性和较为全面的审美价值总体描述是：审美总体概述及特征，审美要素，给人的知觉感觉，物质和非物质的载体。

通过比较分析可知，世界遗产突出普遍价值的描述与阐释，列举了构成黄山审美价值的自然和人文景观要素，如花岗岩巨石、松树、瀑布、山洞、湖水、温泉、云雾；列举了黄山历史上长期形成的审美价值，如黄山画派、黄山的传说，并且解释了其

① 澳大利亚《巴拉宪章》阐明了审美价值应该包含的内容：a.该地方有特殊的组合或非常规的由色彩、材质、空间、体块、细节、运动、整体、声音、气味？b.该地是否有独特的装置或突出的视觉地标？c.该地是否有鼓舞人心的品质或唤起强烈的感情或特殊含义？d.该地是否以其美学质量而著称，例如，是否激励艺术或反映文化；e.该地是否以艺术、照片、文学、民间艺术、民间传说、神话或其他图像或文化艺术？f.该地是否表现出了高度的艺术成就和技术成就？在区域审美评价中认为审美价值产生于对环境的体验以及特殊的文化和自然载体之中。可以是视觉也可以是非视觉的要素，同时也包含情感回应，对场地、声音、气味和其余要素的感知，有很强烈的人类想法、感觉和态度的影响。

审美价值在东方艺术中的地位。与黄山的评价相似，泰山的 OUV 评价综述了泰山是中国风景最美的山之一，独一无二的文化是审美价值的载体。在标准 vii 中详细列出了自然美的价值载体①。从黄山、泰山的 OUV 描述看，世界遗产对审美价值的总体描述基本覆盖了审美价值环境载体，具有较强的科学性和客观性，从世界范围的比较研究中确定了黄山、泰山的突出普遍价值。但在描述仅纳入了作为环境载体的审美价值，而忽略了作为体验、情感和精神载体的审美价值，并且缺乏中国传统山水审美的视角。

通过对比我国某风景区审美价值的总体描述可知，在审美价值总体描述时应避免抒情地进行诗化但信息不确切的描述，比如“鸟在树上飞，鱼在水底游；鹰击长

---

① 泰山 OUV 的总体描述及与审美相关的各条标准：

泰山是中国最著名的神山(Sacred Mountain)，有独一无二的历史、文化、审美和科学价值。早在新石器时代(大汶口遗址在其旁)就有人定居于此，在过去的三千年里，古人对泰山的崇拜绵延不断。让人敬叹的巨大岩体占地 25 000 公顷，高出周边平原 1 545 米。泰山被认为是中国最美丽的风景区之一，也是最早期东亚文化的摇篮。在公元 219 年以前，山神祭祀在泰山占有重要地位，秦始皇就在泰山封禅祭祀中为山神准备贡品来告知神灵其统一中国的丰功伟绩。历史上记录了 12 次帝王敬天与地的庆典活动在泰山山上进行，留下大约 1 800 块石碑和石刻以及 22 个寺庙，泰山的这些历史碑刻是中国最重要的历史遗迹(纪念碑)，使泰山成为世界著名的历史文化宝地。

标准 i：作为中国传统五大神山之一，泰山的景观可称为独特的艺术杰作。沿着 6 660 节台阶组成的登山步道，一路经过十一个坊，四条古道，十四个凉亭和四个亭台，这条仿佛连接天地的路线已不仅仅是简单的建筑杰作，而是人类创造出的辉煌自然景观。泰山庞大的山体经过 2 000 年演变，孕育出令人叹为观止的地貌景观是人类历史上最宏伟的杰作之一。

标准 ii：作为中国最受崇敬的名山，2 000 多年以来泰山对艺术的多样发展有着广泛影响。例如岱庙和供奉玉皇大帝的女儿——泰山奶奶所建造的碧霞祠是泰山建筑的原型，且成为中国历史上历届帝王时期建筑的效仿模型。泰山的文物承载了人类的轨迹，例如桥、坊、亭等优美的建筑。这些人文建筑与大自然昏暗的松林、陡峭的陡崖形成了强烈对比，是造就泰山独特性的标志。

标准 iii：泰山是曾经中国帝王时代文明的独特证据，尤其它与当时宗教、艺术和文学等文化方面的紧密联系。2 000 年间，泰山是中国帝王亲自履行拜敬天地、封禅祭祀的重要场所之一 。自汉代以来，中国传统思想“五行学说”中就有提到，泰山是代表玉皇大帝的五座名山之一，对古人来讲拥有崇高神圣的价值。

标准 iv：泰山是神山的杰出代表。位于岱庙内的天贶殿(公元 1000 年)是中国最古老的三座宫殿之一。碧霞祠也建于宋代，它复杂的建筑与庭院布局是山中建筑典型代表。灵岩寺及其内的千佛殿是大型寺庙中的杰出作品并且保存完整。这些古建筑共同阐释了唐宋时期的文化和宗教方面的发展。

标准 v：泰山的自然和文化融为一体，以宗教祭祀的形势呈现出传统的人居模式。例如大汶口一带，当地人的这种生活模式可追溯至新石器时代。在当今无法避免大量参观和旅游活动急剧增加状态下，泰山当地还坚守着当地的传统文化，是文化传承的杰出范例。

标准 vi：泰山与世界历史上众多重要事件有着直接和紧密的关联，例如儒家思想的起源、中国的统一以及书法和文学在中国历史上的出现。

标准 vii：经历了接近三百万年的自然进化，复杂的地理和生物演变过程使泰山形成了一个被植被密集覆盖的巨大岩体，屹立于平原之上。这引人注目、宏伟壮丽的山体是人类千年文化影响与美丽自然风光的杰出组合

空，鱼翔浅底，天长日久，已被钙化成一件件类似于牙雕的艺术珍品①”，而应增加综合地、客观地、能够概括出名山风景区审美价值的描述。

① 某风景区总体规划中的审美描述为：“山青妩媚，水澄澈缤纷。山绕水、水偎山、树在水里长、水在林中流……已被钙化成一件件类似于牙雕的艺术珍品，构成了一个个奇幻美妙、美不胜收的水下艺术展厅……无不透出原始野趣之美。”（引自某风景区规划文本）

第五章 黄山风景名胜区审美价值认知

第一节　黄山历史与现状概述

黄山作为地理名词最早出现于《山海经》中，有文字可考黄山记载于宋代编写的《黄山图经》。黄山，原名黟山，唐天宝六年（公元747年）改名为黄山，在明清时期属于徽州府的管辖范围内（图5-1）。从自然地理角度讲，徽州地区群山环抱，中为盆地。境内水系发达，形成了一个相对独立的地理单元（周晓光，2005）。黄山、天目山、九华山、乌龙山、白际山五大山脉及其支脉构成了徽州四境的天然屏障。群山环抱的地形虽然满足了先民躲避战乱，求得安宁的客观需求，但也一定程度上阻隔了徽州与外界文化交流的通常程度，这也是黄山为什么明显晚于其余名山开发的客观原因。黄山在中国名山谱系中属于后起之秀，在相当长的历史时期内，黄山是交通不便之地，罕有人至，而到过黄山的其实也仅仅只游览了黄山很小一部分。黄山长期游离于神山系统之外，它既不是五岳，也非四大丛林，也不属于三十六洞天、七十二福地体系。

在唐代的典籍中，黄山是道家修炼之地。据旧志记载，唐代已经有了道观的存在，至今黄山的很多石峰、石洞都留有道教意涵，比如轩辕峰、浮丘峰、炼丹峰及仙人峰等。黄山的声名远扬始于明代普门开山，他修建寺庙、开山路，改朱砂庵为法海禅院，后扩建为护国慈光寺，建大悲院、文殊院等。明代黄山所建设的大小寺庙禅院约60余座，慈光寺、祥符寺、翠微寺、掷钵禅院号称四大丛林。明末清初时期，道教的活动在黄山基本已经停止，佛教的发展也日渐式微。

从风景开发与审美角度讲，黄山虽然很早就记载于《山海经》和《水经注》中，但在当时黄山的审美意识尚未正式形成。虽然从唐至元已经有一定的诗文、游记歌颂和吟咏黄山，使黄山形成了一定的审美价值、宗教意涵，但较大规模、较为普遍的黄山诗，尤其是黄山形象的出现为直到明末清初普门开山后，黄山艺术地位的奠定肇始于黄山画派，黄山画派创作的兴盛又集中于17世纪下半叶。

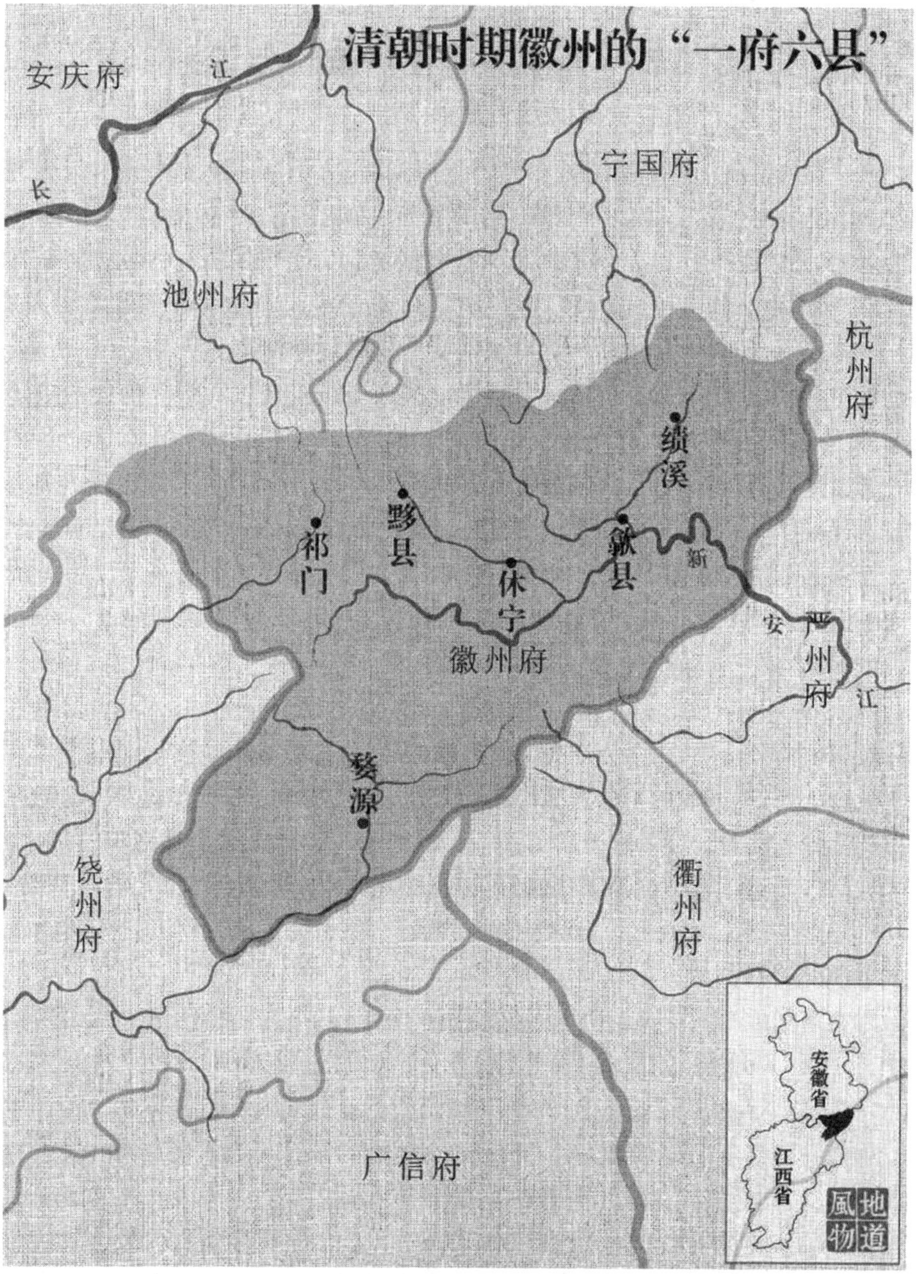

图 5-1 古徽州地图

（来源：https://www.douban.com/doubanapp/dispatch?uri=/note/714979220/&dt_dapp=1）

第二节 黄山历时性审美价值识别

基于第四章所构建的历时性审美价值识别方法，本节通过文本和图像分析来识别黄山的历时性审美价值。在历时性审美价值识别中，以“象”的识别为主，一要判读“象”“像”在历史上的变迁，历朝历代象的叠加、累积和选择。黄山的“象”(或“像”)包括历史上的哪些景点、观景点、景观类型、最受欢迎的景点、游赏路线、游赏序列、听觉、嗅觉、味觉和感觉。二要识别黄山诗画创作时创作人的意象、情感、意境及思想，并判断其传承的价值。三要尽可能地分析形成古人审美价值的审美发生条件、审美发生的方式、审美主客体相互作用关系。

通过文本和图像分析，确定黄山历史上的审美，并与当今黄山流行的审美进行比较，从而进一步明确历史上黄山值得传承的审美价值，以及对今天黄山审美而言应该建立的范式。进而确立黄山风景区保护的对象，并确立黄山风景区审美价值的保护措施。以下详尽展开黄山历时性审美价值的分析。

一、黄山诗的文本分析

在黄山诗分析中，因为诗歌行文及篇幅的特点，在诗歌中往往呈现出“意”“象”高度融合的特点，因此分析的客观性将会受到一定的限制，不能非常准确地把握游览路线等详细环节。在诗歌分析方面，首先以“象”(即诗文中所展现出的形象、图像)为基础，通过扎根理论等方法，编码出黄山的景点、观景点和可知的游览路线。再结合外围文献分析诗歌中所展现出的情感及背景，完成除“意象”之外黄山审美其余方面的分析。

本书所选取287首黄山诗①中，包括唐代黄山诗14首，宋代黄山诗27首，元代黄山诗14首，明代黄山诗62首，清代黄山诗170首进行分析。在按照上述要素(景点、观景点等)编码后，统计词频在历朝历代的变化和所提及的频数。

通过扎根理论的分析方法后，得频较高的景点，则被视为古代热门的景点。完成统计后，再结合实际的地图与景点位置，推测出黄山景点的开发时序和最受欢迎的景点以及审美结果的变化。通过分析如下。

(1) 总体上讲，从唐至清的黄山诗中，最受欢迎的景点是：三十六峰、汤泉、天

① 一些学者将黄山的诗歌分为三类，第一类是写景抒情，记游述异、歌咏大自然的山水诗；第二类是怀古、咏物言志或借题发挥，别有寄托的社会诗；第三类是一些唱酬赠答、题画、题诗之类的杂咏诗。

都峰。三十六峰并不能代表人们具体的游览足迹，但可预示人们对黄山名峰整体的慕名之情。莲花峰、散花坞是各朝代提及频率次之的景点。炼丹台、朱砂泉、石笋矼、石床峰、卧龙松、蒲团松、扰龙松、钵盂峰、浮丘峰、白龙潭、皮蓬、汪生草堂、文殊院作为古代的知名景点而次之。

各朝代黄山热门景点如下：

在唐至元的黄山诗创作中，黄山景点有 36 处。其中频数统计最高的景点是三十六峰，其次是天都峰、三峰（除天都峰外，还有莲花峰、光明顶）和汤泉、云门峰，如图 5-2 所示。

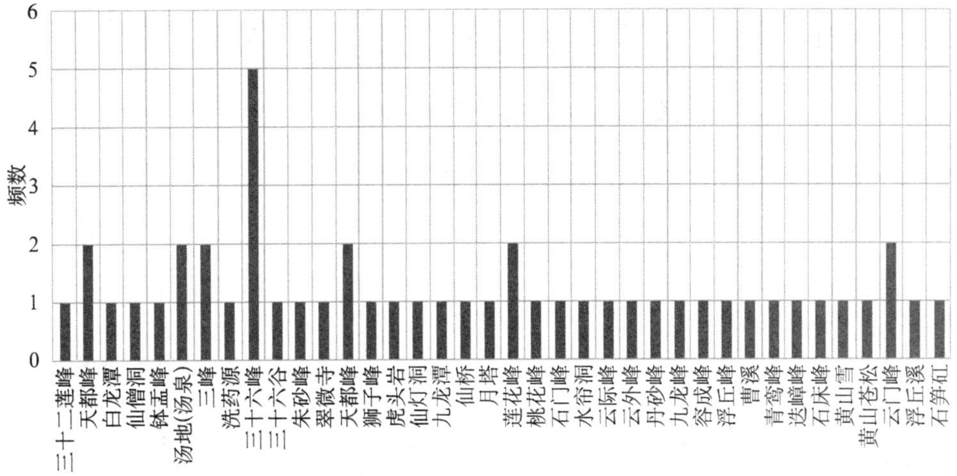

图 5-2　唐宋元黄山热门景点词频统计

明末清初是黄山旅游开发并逐渐步入公众视野的时期。景点统计可知仅明朝一代黄山景点就有 32 处，几乎接近于唐宋元三朝的总和。在明朝黄山诗创作中，天都峰词频最高，莲花峰次之，其次是三十六峰、汤泉、散花坞，再次是朱砂泉、石笋矼、炼丹台，此外还有云门峰、剪刀峰、九龙潭、饮江虹、钵盂峰等，如图 5-3 所示。

清朝一代，黄山诗的创作中涉及的景点有 84 处，远远超过了之前的任何朝代，甚至是明朝的 2 倍。天都峰依旧是被提及频率最高的词汇，石床峰其次，三十六峰、芙蓉峰、散花坞、云铺海被提及的频数仅次于天都峰。汤泉、炼丹峰、扰龙松、九龙潭位居第四。卧龙松、蒲团松、梦笔生花、钵盂峰、汪生草堂、文殊院都是较受关注的景点，如图 5-4 所示。

(2) 从唐至清的黄山诗中，黄山之“奇”的特征在各朝代开始被逐渐强调，且在清朝逐渐成为共识，半数以上的诗歌都吟咏了黄山的“奇”。

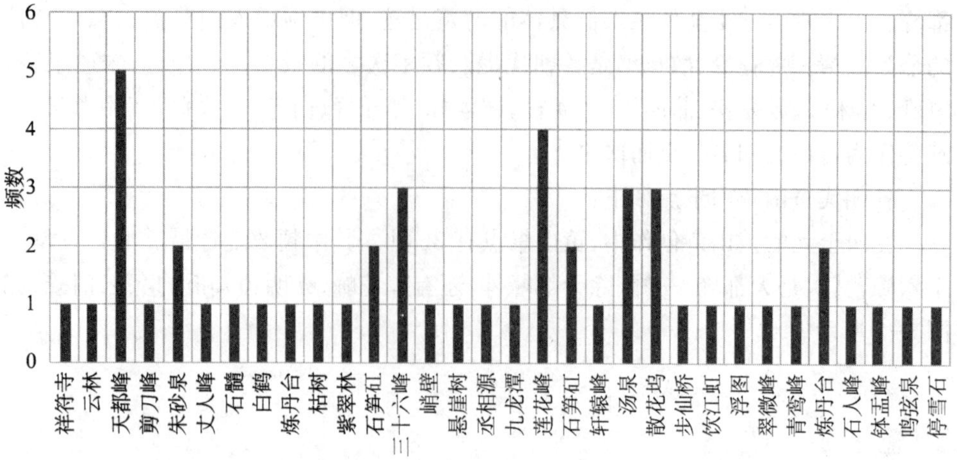

图 5-3　明朝黄山热门景点词频统计

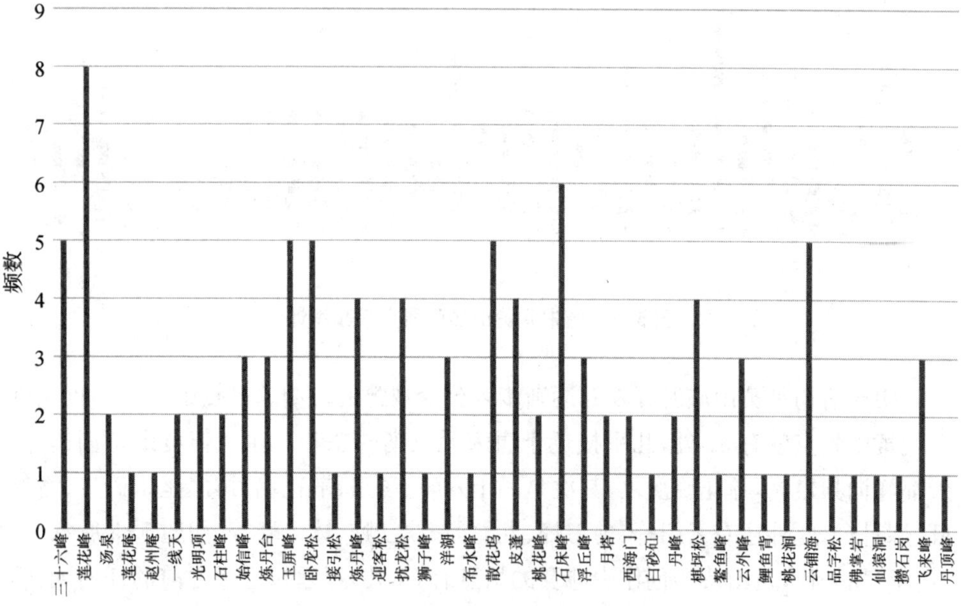

图 5-4　清朝黄山热门景点词频统计

（3）黄山之“象”从粗浅宽泛向精细化、个性化转变。从对三十六名峰知名度的整体关注到对峰、洞、瀑、池、潭、泉这些不同类型景观，具体景点细致入微的体察，而这些体察也超出了视觉范畴，扩展到了时令和听觉感官等方面。此时人们所关注的不仅仅是黄山的奇峰、怪石、铺海、奇松，也关注黄山的水景观。特别是低山景点、例如松谷景区的五潭、洋湖、白龙潭等水景观尤为喜爱。上述变化与当时黄山开发时序、社会风尚、文化基础、市民文化成熟与大众旅游兴起紧密相关,也与旅游考察、山峰命名密切相关。

(4) 从词频统计中可见,涉及宗教的词频在黄山逐渐减弱,唐宋时期宗教意象明显,而到了明代宗教意象逐渐减弱,旅游游赏、山居经营渐强,从黄山营建史上看,明末清初时期虽然佛教建筑兴盛,礼佛活动逐渐增加,但宗教崇拜以及宗教意象在诗歌中反而逐渐减弱。而到了清代,宗教与旅游结合起来,宗教空间、宗教意涵逐渐向旅游资源转化,在一些诗中也提及了寺院僧人为游客提供住宿、引导游客旅游的细节。

总结起来,通过对黄山诗编码和整体分析,从黄山游览路线与游览区域、游览景点与数量、游览景观类型、游览体验、宗教意涵与审美几个方面总结从唐至清的黄山山水审美结果。

从游览路线与区域讲,从唐至清逐渐完善。普门开山后,形成了 4 条稳定的游览路线。从唐开始,黄山游览路线分布在低山景点、在桃花峰和祥符寺区域,虽然山志中和诗文都记载有诗僧岛云登上天都峰,并且是第一位登上天都峰的人,但具体登道及路线记载不详细。从唐至宋,黄山的游览路线从山南部的低山景点向高山景点推移,从南部山区景点向北部山区景点扩展。元朝对景点的开发似乎停滞不前。明朝黄山景点得到了进一步开发,黄山景点的开发在历史上达到了高峰。清代黄山的旅游路线较之于明朝并未有明显的增加。

从游览景点开发与景点数量讲,唐代的黄山诗中出现频率最高的词是:汤泉、莲花、天都、光明顶、云门峰,这一时期中黄山的审美特点是"秀"。到了宋代,游览的山峰逐渐增加,除了最为频繁的天都峰和莲花峰,还有朱砂峰、翠微寺、狮子峰、虎头峰、天平矼、仙灯洞、九龙潭、仙桥、月塔诸圣迹、云际峰、云外峰、丹砂峰、九龙峰、容成峰、浮丘峰、曹溪、青鸾峰、叠嶂峰、石床峰;宋人到访与吟咏的景点较之于唐人大为丰富。这时期黄山特点是"险峻、蔚然、高大、神秀、秀丽、千奇百怪",可见在唐人所形容的"秀"的基础上,还增加了"险、神秀、奇特"等特点。元代的黄山的审美转向了对季节时令的关注,其宗教意涵依旧延续。元人对黄山的审美认识较之于前朝似乎有所回落,对黄山景点认识又重新回到了对三十六峰的整体认识上。明朝一代,从诗文词汇分析看,游览景点进一步增加,增加了剪刀峰、天都峰、丈人峰、石髓、月夜、白鹤峰、登炼丹台、紫翠林、芙蓉峰、石笋矼、散花坞、九龙潭、青龙潭、黑龙潭、黄龙潭、朱砂洞、朱砂峰、丞相源、九龙潭、千仞峰、步仙桥等景点。清代对景点的认识在明代的基础上进一步巩固,也增加了一些新的景点,如雪庄在皮蓬周边命名的三十六小峰和清代名僧名人命名的黄山松。总结历史性的景点开发，得频最高的是三十六峰、汤泉、天都峰；其次是莲花峰、散花坞；再次是炼丹台、朱砂泉、石笋矼、石床峰、卧龙松、蒲团松、扰龙松、钵盂峰、浮丘峰、白龙潭、皮蓬、汪生草堂、文殊院。

从景观类型上讲，唐代因黄山诗中所记载的景点有限，主要景观类型为山景。宋人游览的景观类型较之于唐代扩大，从奇峰、云海增至池潭溪水、古树奇松、其余植被、动物，对奇峰的认识也逐渐增至多种类型。元朝的自然景观类型似乎较之于前朝都有所减少，但对季节景观的欣赏却是独树一帜。明朝黄山诗中自然景观类型增多，在山景方面增加了对洞穴、怪石的欣赏，水景和生景的数量明显增加，自元朝的积累以来，还增加了对云霞雨雾、朝阳、夕阳等天景点的吟咏。生景，尤其是黄山松的吟咏达到了史无前例的数量，欣赏奇松在清朝似乎成为时尚。此外，人文旅游景点也进一步增加，人们所喜爱的景点也逐渐从自然景点转向了自然与人文并重。清代的景观类型较之于明朝并没有增加，但生景与水景较之于明朝得到了极大的关注。清人开始反思黄山过分关注山景而忽略水景的问题，并增强了对黄山周边及低山景点水景的褒扬，各类池潭瀑布以及洋湖则成为得到较之前于前朝较多的关注。此外，黄山云海的动态美也在清朝得到极大的关注。

从游赏体验讲，唐代黄山的游览体验以步行为主。宋人在游览体验方面和唐人区别不大，游览项目较之于唐代也并未增加。元人重视对四季景观的游览体验，元代的诗歌中，耕读成为一种新的审美体验。可见当时已经不满足于泛泛地游览山水，文人们遁迹山林，修养身心。明朝对山水审美的体验，超出了视觉的范畴，拓展至其余感官。明朝诗人从眼、耳、鼻、舌、身五感来体察黄山的美，体验也更加重视真实的眼前美景。明朝的诗文中加入一些优美的场景描绘，塑造了黄山新的审美风格，有雪夜、夕阳、月夜。人们的山居生活逐渐繁盛，黄山成为山居读书、隐居避世、参禅悟道的好去处。清朝黄山水景的声音体验较之于前朝明显增多。清人继承了明人在黄山的各种活动外，雅集在清朝一代逐渐繁盛，体现在天都社、新安画派的邀游上。清朝旅游活动繁盛，出现了旅游业中背人登山的项目，黄山已经明显地具有了旅游景点性质。

从宗教意涵讲，唐代黄山审美中宗教意涵明显。而到了宋代，黄山审美中大量增加了宗教意涵，尤其是关于道教浮仙翁和容成子的传说。元朝一代，宗教信仰继续增长，尤其是道教信仰和意涵始终不断地延续和持续。明代诗文中的宗教意涵在黄山逐渐减弱，文人的游山、归隐、访友、卜居行为已经远胜过宗教崇拜的行为。虽然在明朝一代，黄山佛教进入鼎盛时期，佛教建筑的规模和数量都远胜过于前朝，蔚为大观，但诗文中宗教意涵却呈现出减弱的趋势。

从总体上讲，黄山“奇”的特征被不断地加强，并以此特征区别于五岳和其余名山。而“山峰”“云海”是人们用“奇”字形容得最多的景观类型。

二、黄山游记文本分析

黄山纪游从唐代开始，兴盛于明清。回溯到17世纪的黄山，当时在黄山道路上夹杂着香客、文人、官员、本乡和外来的游客。这些人持有不同的价值观，社会地位与人生际遇各不相同，他们中有遗民、有僧人、有地理学家、有画家，也有融上述所有价值观和身份于一身的文人。因此，进行游记分析有利于掌握不同朝代文人笔下黄山山水审美的结果。本书首先通过文献分析法选取古代具有代表性文献，选择不同年代不同文化背景的作者所创作的黄山游记等近20篇进行分析，选取的文件如表5-1所示。

表5-1　不同朝代的黄山文献选①

朝代	文化类型	作者	作者身份	著录
唐	佛教	释岛云	僧人	《望黄山诸峰》
宋	朱子理学	黄之望	文人	《黄山图经跋》
明	理学、心学	潘之恒	文人	《天都峰绝顶记》
		徐霞客	旅行家	《游黄山日记(前、后)》
		袁中道	文人	《游黄山记》
清	朴学	朱鹭	画家	《黄华合评》(画作)
		钱谦益	政治人物遗民	《游黄山记》
	史学	潘耒	文人	《黄山游记》

依据文本分析法，对游记编码的主要内容有：游记中所涉及的观景点、景点、场景中的景观构成、游览路线，以及进行审美的方法。审美之“意”是指游记创作主体的文化背景。此外，从背景文献中分析出黄山志“德”“理”“用”等，以及确保特定历史时期审美发生的“制”。

在分析过程中，首先通过内容分析法，分析出游记中所描绘的场景和景观类型，进而通过分析场景与景观要素的对应关系，分析出历史上的游览景点和游览路

① 文献主要来源：清闵麟嗣《黄山志定本》卷四艺文志中(游记二十首)卷五艺文志下(游记十首、书启十首)；倪志云等编《中国历代游记精华合编》安徽卷(河北教育出版社)；新编《黄山志》(黄山书社1988年版)和部分网络资料。

线。通过提取形容词，分析出黄山的审美特征。其次，结合文字描述分析出作者当时的游览体验和游赏方式。最后，通过背景资料分析出写作黄山游记的文人的文化背景以及价值观。从而结合上文分析的黄山之“象”，分析出黄山的“意象”。通过综合分析得到历史上黄山山水审美的结果，通过价值判断得出应该传承和延续的价值。

1. 释岛云（唐）《望黄山诸峰》

整首诗对黄山的认识停留在神仙传说的仙山上，如“浮丘处处留丹灶，黄帝层层隐玉书”，宗教仙山意象明显，但对于具体的黄山审美形象，仅提到了三十六峰。

2. 黄之望（宋）黄山图经序

黄之望的这首诗中，对黄山的总体评价是“真足以甲江南诸山也”。“奇”也是黄山的一大特征，木石尤奇。整首诗的仙山意象依然明显，叙写角度宏伟，并没有特指具体的某一景点。

3. 徐霞客（明）游记

徐霞客的黄山游记具有一定的典型性和科学性。从他的游记中可以较清晰地分析出游线、景点和场景，从一处景点到另一处景点景象的变化、每一处场景中所包含的景观要素及其它们之间的构景关系。徐霞客的黄山游记共上下 2 篇，分别记录了他先后两次登临黄山的经历游程，以及他对黄山的审美评价和科学判断。徐霞客对黄山的总体评价为“五岳归来不看山，黄山归来不看岳”。经分析，徐霞客所游经的是黄山的传统路线，按照游记中所记录的顺序，徐霞客的游程是以下 7 条。游程 1：汤泉—沿溪渐上—抵祥符寺—汤泉（灵砂泉）—返回祥符寺—（朝莲花峰的方向）；游程 2：白龙潭—丹井得一庵—返回祥符寺；游程 3：慈光寺—平岗—天都峰—莲花峰—天门—平天矼—石笋矼北转而下—仙人榜—鲤鱼石—白龙池—松谷庵旧基—青龙潭；游程 4：飞来峰—丹台（正与丹台环绕）—丹台南 1 里—返庵；游程 5：汤口—汤寺—浴于汤池—黄泥冈—文殊院、玉屏峰—天都峰顶—返回文殊院；游程 6：天都峰—莲花峰—大悲顶—天门—炼丹台—智空庵—狮子林—石笋矼—文殊院；游程 7：丹台—冈中垂。

徐霞客的黄山游记中认为黄山最突出的特点是“奇”和“秀”。黄山山景丰富多变，本书统计了徐霞客在描绘每种不同景观时所用的形容词。仅黄山山景徐霞客就用了多达 30 种形容词来形容，其中出现频次最高的词是“奇”和“秀”，可见山景以“奇”“秀”为基本特征但变化万千，并且山景类型丰富，包含了峰、岭、峦、岫、崖、峭壁、壑、洞等。代表了黄山山体独立形态的形容词有：“独耸、或巨或纤，或直或欹、矼脊斜亘、一峰西垂、石壁岈然、一坞幽然”等。代表山体组合形态的形容词有：“乱峰森罗、峰回岫转、森峰列岫、狮峰竞驾、比肩石笋、壁翠合沓、蹄股拱峙、奇峰错列、众壑纵横、藻缋满眼”等。山景的描绘主要与人的视觉和触觉两种审美感官紧密联系。总结所有描绘黄山之“象”的形容词可知，黄山的审美价值载体特征有奇特性、多样性、丰富性、罕见性和险峻性等特点。而这些载体展现出一系列的特殊性，如或巨或纤，或直或欹、矼脊斜亘、争奇竞秀，也包含了组合形态的奇特性，如峰峦错耸、争奇并起、灿若图绣等。

徐霞客认为黄山水景的特点主要反映在“气味”和“声音”两方面，相关的形容词有“宛转随溪、气本香冽、汤气郁然、泉声沸然”等。黄山生景的主要描绘对象黄山松，松石交映的景象徐霞客用“不意也”来形容松树的“奇”。此外，色彩的多样性也是黄山植被的特点之一，相关形容词有“五色纷披、灿若图绣”。

4. 袁中道(明)《游黄山记》

通过对各游程场景或景点、景观类型、载体特征、审美方式进行分析后，认为袁中道的游记中总体上强调了黄山的“奇”和“幻”，黄山的形态层出不穷，灵活多变。总之“至奇至幻，至灵至活，态穷百物，体具七情”。在袁中道的游记中，重视对听觉的发掘，并对“汤寺至鸣弦泉一线”不同类型水景观所发出的声音进行了详细的描绘，并称之为“山间水乐，隐然宾初至而丝竹喧也”。对在朱砂岩所见天都峰进行详细的描绘，一共用了 5 个“异”和 1 个“奇”字来形容天都峰景观的罕见和奇特，并对文殊院之玉屏山峰景观作出了评价，总体特征是奇幻。

5. 朱鹭(清)《黄华合评》

清代朱鹭的《黄华合评》是研究黄山审美价值的重要文献。本书从总体的视角来对比评价了黄山与华山各自的审美特征，因为清代小品文学的评论特点，较之于前人的游记，这是篇高度提炼的、抽象的审美价值总结。本书对黄山审美评价包括总体评价、分项评价及氛围评价三个部分，总体上认为华山和黄山的共同特点都是“奇”，华山是通过“险”来达到“奇”，黄山则是通过“丽”和“多变”来达到“奇”。

黄山总体特点是“秀、散、丽”。评论从地质地貌、岩石特点、景观开阔度、植被特征、游览体验、山的整体气质 6 方面来比较了华山和黄山。从整体气质上看，华山如丈夫，黄山如学士；华山为将军，黄山为少女，拟人化运用正好起到了“传神”的效果，非常有利于从整体上把握黄山的气质。较之于华山，黄山的山峰、岩石形态变化丰富，引人入胜，色彩丰富，转觉多姿；黄山松树千姿百态，令人称奇。从地质地貌上看，华山三峰确而少理；岩石“动横长亩，多如覆敦”；而黄山岩石“纤皴巧斫；

无尽藏石，竖立横蹲，备诸幻肖”，明显黄山岩石形态的多样性丰富。从植被特征看，华山之松，仅六七虬柯，凌霜上古；黄山之松“千柯千态”。从景观体验上看，华山雄大，行其巅，目荡胸开，饱顾四周；黄山憐心醉魄，在在引人；日月游行出其下，三岛十洲集其前。

6. 钱谦益游记

钱谦益一共作了九篇黄山游记，认为黄山的“奇”“秀”是匡庐、九华所不能及，是“口摹不能尽、悬想不能决的名山”。在游记一中，他首先从自然地理的角度介绍黄山的水文和地质情况，之后的八篇游记均为纪游。钱谦益的游程共六条，分别是游程一：商山、郡、山口、汤院、杨干、容成台、长潭、芗石、芳溪、芳村是从郡到汤院的路上所经过的景点。到达黄山后，浴汤泉，并且在桃花源休息。游程二：汤泉—桃源庵—白龙潭，夜宿桃花庵；在游程二中，黄山低山景点的声景之美被淋漓尽致地展现了出来，这与袁中道的游记不谋而合。游程三：主要描绘云海和奇松，路线是祥符寺—慈光寺—朱砂庵—紫石峰—钵盂峰—老人峰—观音崖—文殊院宿。游程四：天都峰—文殊院—桃花峰。游程五：文殊院——线天—大悲顶—始信峰—散花坞—扰龙松—狮子林—光明顶—炼丹台。游程六：莲花峰—返回慈光寺—桃花庵—三十六峰，在慈光寺惜别黄山。总结起来，钱谦益游记的整个游线可分为两部分。

在他的游记中记录了黄山之外的周边景点，从商山起，经杨干、容成台、长潭、芗石、芳溪抵芳村等，而这些景点正是明末清初时期黄山周边的热门景点。另外部分是大家所熟知的传统游览路线，分为低山路线和高山路线。低山路线为汤泉、桃花庵、白龙潭等。高山路线为普门开山时的经典路线：如祥符寺—慈光寺—朱砂庵—紫石峰—钵盂峰—老人峰—观音崖—文殊院—天都峰—桃花风——线天—大悲顶—始信峰—散花坞—扰龙松—狮子林—光明顶—炼丹台。

在钱谦益游记中，黄山的总体特征是“奇”，泉、云、松、水、云海都具有奇的特点。其中，白龙潭、汤泉是奇水的典型景观。对老人峰及以上的松树特征也进行了描述。从景观类型看，钱谦益的游记中描述了水景、生景（奇松）、山景、天景（铺海）。黄山水景的气势、声音审美特征突出。他认为白龙潭、汤泉是奇水的典型景点。白龙潭气势磅礴，“鼓怒触搏，林木轰磕，几席震掉，午夜闻冲撞弥急，溪声雨声，澎湃错互”，可见当时水量大、气势雄。而硃砂泉其气清芬，冠云天下。松谷庵环谷皆山，“山飞瀑而下盖百数，而声响各殊，听之不穷。前后五龙潭为青者、黑者、黄者、白者，各以其水所受之壁色为名，而天容云影、人物往来之形，静映于光明之中，不可名状”。在游记中他还分别对青潭的水声潺潺，龙潭的色泽、水声、周围环境与情状进行描绘。黄山的松树总体特点是“奇，姿态万千，裂石迸出，纠枝覆盖，白云蓬蓬冒松起，有的干大，有的虬枝，有的如龙，有卧有立、愈高愈奇，有的在道旁、有的挂于悬崖”。在老人峰以上的松树，越往上越奇，四大奇松是接引松、扰龙松、蒲团松、卧龙松。并且从客观上划分了松的分布与奇的关系。认为所行路上，除了老人峰之外，无树非松，无松不奇，尤其在文殊院之左，云梯之背的松树是极为奇特的。黄山三十六名峰，最著名的是天都峰、莲花峰。他在刻画名峰审美价值时，注重山峰的审美视线，描述了从芳村、白龙潭、慈光寺三个观景点上看见各峰的呼应关系。首先是出芳村，“莲花峰离立”；抵白龙潭，“天都正中如屏”；到达慈光寺，“踞天都而枕莲花，离而又属，顾若宿留”。登游黄山时，所得到的游览体验是“步武换形，镜中取影，横见倒出，非坐卧俯仰，不能仿佛”。

黄山云海的总体特点是变化多端，不可名状、不可复迹，分不清是云是海，气势恢宏，如万马奔腾。文殊院是古代最佳的观景点之一。在钱谦益的游记中，先后有两次描绘了文殊院，“文殊院作为中央土地，东西天都峰、莲花峰作为背景，并且西面旷如”。最后，他还引述了元人汪泽民对黄山自然声景的赞美，“宿汤寺，闻啼禽声，若歌若答，节奏疾徐，名山乐鸟，下山咸无有”。

潘耒所著的《黄山游记》，强调了黄山“大矣，富矣，神矣，妙矣”，“造物之出奇无穷，天地之秘藏无尽”，奇、富、妙是黄山的主要特征。他的游览路线为歙城—汤口—祥符寺—朱砂泉—桃花源—石笋矼—松谷庵。他游记中所描绘的黄山典型景观类型为温泉、山峰、池潭。他从石、峰、山、云海、奇松、洞穴、瀑布以及游览体验几方面将黄山与它山进行了比较，列举了黄山奇绝的6个方面：①黄山的石头峰头不着寸土，苍润鲜华，肌理细腻。天都、莲花两峰端丽。而青鸾、仙掌峰秀丽；光明、炼丹台平正；散花、石笋诡怪。②云海变眩万端、浩海无涯。③奇松：“干曲枝偃，无意为奇，而至奇生焉”。④洞穴之空灵。⑤瀑布雄壮。⑥游览体验：在黄山山内行走，山内看山，“如坐莲房数莲瓣，千叶层层”。

通过对黄山游记的分析，可知在黄山游记中记载的主要游览路线为5条：①商山—山口—汤院，杨干、容成台、长潭、芗石、芳溪、芳村是抵达黄山之前的路上所经过的景点。②低山游览路线，一是汤泉、祥符寺一线及周边景点；二是白龙潭—汤寺—鸣弦泉一线为不同类型水景观游线。③南坡普门开山的路线，从慈光寺至天门至光明顶，到达光明顶后，东海石笋矼及周围景点；北海至芙蓉岭。④西海翠微寺一线。

从景观类型描述看，山景始终是游记重点描绘的对象，是游记中最具吸引力的景观类型，仅《徐霞客游记》中就用了30多种形容词来形容黄山的山景，用了许多形容词来形容山景的组合与丰富度。从对形容词分析看，黄山的山景具有奇特性、多样性、丰富性、罕见性、险峻性等特点。明末清初时期对黄山山景的美的欣赏不仅仅只停留在山峰的层面，还包括了岭、峦、岫、崖、峭壁、壑、洞等类型。水景、声景次之，水景几乎在每一篇黄山游记中都有笔墨描绘，在多篇游记中都是描绘的重点，足见水景观的欣赏在当时受重视程度高。钱谦益将汤泉至鸣弦泉一线称之为"山间水乐，隐然宾初至而丝竹喧也"。在他的游记中，五龙潭水景声响各殊，不可名状；白龙潭气势磅礴，水声大、气势撼人。奇松、铺海、温泉也是黄山审美重要类型。潘耒笔下的五龙潭色、声、形俱全，黄山水的形象和声音被阐释得淋漓尽致。游记中奇松的特点是干曲枝偃，长在岩石上端，生长位置和长势都奇特，而在游记中黄山的云海变幻无穷，分不清是云是海，如楼阁大厦、如万马奔腾，不可名状。

从游览景点与数量讲，游记中汤泉、汤寺、文殊院、石笋矼、天都峰、莲花峰、莲花庵、松谷庵、炼丹台、狮子林是在游记中被提及频率较高的点。从钱谦益的游记中，可见当时黄山山脚及周边的景观及游览路线。商山、山口、长潭、芗石、芳溪、芳村这些景点在当时也较为知名。

游览体验讲，"奇"与"秀"是黄山最突出的特征。在唐宋时期，黄山仙灵意象明显。朱鹭认为黄山的特点是奇，并且是通过"丽"与"多变"来达到"奇"。他将黄山与华山进行了比较，从地质地貌上看，华山三峰确而少理；华山之石"动横长亩，多如覆敦"；而黄山诸峰，"纤皴巧斫；无尽藏石，竖立横蹲，备诸幻肖"。从植被特征看，华山之松，僅六七虬柯，凌霜上古；黄山之松，无尽藏石，竖立横蹲，备诸幻肖。从景观体验上看，华山雄大，行其巅，目荡胸开，饱顾四周；黄山憐心醉魄，在在引人；日月游行出其下，三岛十洲集其前。其中天都峰、莲花峰又为山景之胜。而这种体验也正是因为人们长期、亲历的体验所致。

三、黄山图分析

黄山图像分析的主要对象是从宋至民国时期的黄山图及民国初期产生的一些摄影，是以黄山及周边风景为题材进行创作的绘画的总称。

判读黄山图对黄山历史的发掘具有较为重要的价值。一是黄山图数量较多，集中被创作于三个阶段，较为充分地反映了特定历史时期黄山风景游赏的情况；二是黄山图多为纪游图，这种图让观者通过打开合上、合上再打开的观画方式，仿佛跟随画家的脚步，体验到画家在游览过程中景象的变化，视点的转移，其形式最接近于真实游览体验，对分析理解游览线路等具有一定的意义；三是黄山图整体的绘画风格较之于其余绘画具有明显的纪实性。

本书选取黄山画派[①]所绘制的“黄山图”的共285开（表5-2）[②]、《黄山图经》等各类山志中的黄山图以及民国时期的黄山摄影共几十张作为研究对象。明末清初黄山画派的画家有：渐江、梅清、石涛、江注、戴本孝、髡残、程嘉燧、郑重、郑旼、汪之瑞、查士标等，民国初期至近代的画家有黄宾虹、张大千、汪采白、郎静山等，1949年后的刘海粟、李可染、贺天健、谢稚柳等。

《黄山图经》最早出现于宋代，作为舆地图性质的图像资料，记录了黄山的空间信息，也影响了后世很多画家，如雪庄、石涛等。《黄山图经》本是“图”“经”各一卷的形式，用以介绍黄山的景点、掌故等，图的绘制带有强烈的景点介绍与说明意图，图像具有一定的客观性。明末清初黄山开发时，那些受托绘制《黄山志》插图的画家能够深入观察与写生黄山，因此画家所绘的黄山图写实风格强烈，在一些黄山图中甚至有舆地图的性质，代表人物有雪庄。黄山图经中的图，重视前景，多用线条，皴擦较少，重视实景和写真[③]。本书将黄山图按照作者和创作年代及创作内容分为三个阶段。

第一阶段为17—18世纪明末清初的黄山画派。伴随着普门开山、心学的兴盛和明末旅游业的发展而产生了黄山游览和黄山图创作的高峰。此阶段黄山画家的身份为遗民意识的画家和非遗民意识的画家两大类，这两类画家的身份、际遇、价值观，甚至是创作风格上有明显的差异。遗民画家的代表人物有渐江、髡残、戴本孝，非遗民画家的代表人物有梅清、石涛等人。

第二阶段为民国时期，即20世纪20—30年代。国民政府对黄山旅游的开发，杭徽公路的通车促成了旅游热潮，进而形成了黄山图创作再次兴盛的局面。此阶段的代表艺术家有黄宾虹、张大千、郎静山等，按照时间的差异可以分为早、中、晚

---

① 作为本书研究基础的黄山画派，名称历来争议较大，它与新安画派、扬州画派都存在一定的交集。

② 17世纪下半叶黄山图大量出现，不仅创作黄山图的画家数量增多，既有“新安画派”的成员，又有黄山画派的友人，如梅清、石涛等。这一时期的地方志如《徽州府志》《歙县志》《黄山志》中也大量出现类似于图经形式的黄山图。

③ 闵麟嗣编撰《黄山志定本》，在“自序”中“阁茬狠徘，冗杂不足视。……聊为山游者之一助”。对山志的编撰中，闵麟嗣对图经中的山形、山景进行了实地考察，这种务实的态度也在汪世鋐所编撰的《黄山志续集》中得以贯彻。清初考证学主张“求实”的观念，《黄山图经》著述的体例发生了演变。清代的皇帝非常重视图书刊行和版画的创作，据学者研究，黄山志在清初就被刊印和修撰了7部。先后7部黄山志的刊印，所依托的是文人、遗民、官员等不同背景和层次的人所建立起来的黄山文化圈。在这个文化圈中，虽然成员的文化背景、身份地位各不相同，却在对黄山态度上保持相同的价值观。他们的相同之处是，均以黄山为豪，注重气节。

三期。

第三阶段为20世纪50年代，由于政治诉求和国家形象宣传的需求，形成了以黄山为题材的黄山图及其他形式艺术创作的兴盛。这时期的艺术创作不仅包括绘画，还有摄影等其余艺术门类，代表人物有李可染、刘海粟等。

本书将通过黄山图分析探究绘画所表达出的游览路线、观景点等，挖掘出古人的欣赏视角，并与今天黄山风景区的风景游赏形成对比。

本书依据审美价值识别框架中所建立图像分析方法，对黄山图的分析以“象”从6个方面展开分析。

(1) 从黄山图中直观地读取景点名称、景观类型以及各景观类型所占的比例，将画面主要景观按照《规范》景观分类将黄山图中景观类型划分为：山景、水景、声景、光景和人文景观，并对这几类景观所占的比例进行统计。

(2) 以“游观性”为视角，建立黄山纪游图册页与风景游赏路线的关系，以画幅的形式，册页及题跋判读的方式，判断游览路线和途径景点。

(3) 从画面中的人物，即点景人物，包括单独的点景人或者多个点景人，判断是否为某次集会、雅集或者群体性的活动。

(4) 黄山图景象组合分析。

(5) 将黄山图与文化意义关联分析，可推测画面与画家文化、价值观之间的联系。

(6) 阐释黄山图背后的意义。

以上述图像分析作为依据，结合文本分析，通过图文互证的方式证实历史上山水审美景点、景观类型、游览路线等山水审美的特点。本书以黄山审美之“象”和“意”为核心，以黄山图创作者的“德”(价值观)“术”(游览方式)等为背景材料，从如下三个层次展开分析。

表5-2　16—18世纪时期黄山图及不同类型景观数量统计

景观类型(开) 画家及数量(开)	数量	水景	山景	天景	生景	人文景观	出现点景人数量
渐江(弘仁)《黄山图册》	24(60)	8	14	—	3	15	9
江注《黄山图》	51	13	27	—	—	11	6
周用《新安十景图》其中五开为黄山图	5	1	2	—	—	2	2

（续表）

画家及数量（开）＼景观类型（开）	数量	水景	山景	天景	生景	人文景观	出现点景人数量
孙逸《黄山图》	16	6	7	1	2	—	2
梅清《黄山图十六开》①	16	3	10	2	1	—	11
梅清《黄山十景》	10	1	8	—	1	—	2
梅清《黄山揽胜图》	8	2	4	—	—	2	—
梅清《黄岳卧游图》	12	2	8	—	1	1	—
梅清《黄山诸景册》	6	1	3	—	1	1	—
梅清《黄山十九景图》	19	4	11	1	2	2	—
石溪（髡残）《黄山图》	5	1	4	—	—	—	—
戴本孝《黄山图》	12	5	4	—	—	3	4
石涛《黄山八胜图》②《黄山图》	8,21	11	11	2	5	—	21
雪庄《黄山图》见《黄山志定本插图》	43	5	24	2	3	4	—
雪庄《黄山图册》5 开	5	—	5	—	—	—	—
郑旼《黄山八景图》8 开③	8	3	2	—	2	1	—
汇总	285	66	143	8	21	41	50

本书首先对黄山画派的历史流变、艺术风格、代表人物等进行简述，并以此作为分析的背景。黄山画派兴起于明末清初，与当时黄山的开发宣传及黄山形象和观念的接受有密切的关系。虽然黄山画派里画家的作品各不相同，但它们相互影响形成了在明末清初时期的整体形象。画家们对图像的表达暗示了个人在那段历史时刻的风格，但同时又凝结了时代的共识。在绘画艺术上，黄山画派的画家所体现的“道”“意”“术”（思想风格与特点）表现为：

（1）在“道”方面，立身儒道，学道参禅，从思想体系上受到儒道释的影响。文人画家们的佛道思想，指引他们遁迹山林。画家们多“清高”“绝俗”，超脱于尘世之外，能长时间深入、从自然山水中获得灵感源泉进行创作。

① 现藏于北京故宫博物院。
② 现藏于日本泉屋博古馆。
③ 现藏于美国大都会博物馆。

（2）在“境术”方面，黄山画派的画家们几乎均有深入黄山，长期观察游赏体验和经历。在明末清初徽州心学文化发展的背景下，人性得以解放，经济得以发展，促使画家们以邀游为尚，相约游览描摹黄山。因此造就了黄山画派最大的特点——师法自然，绘画大多直接从黄山自然风景中直接吸取创作的养料，在一定程度上跳出了当时师古人、习古法的禁锢。现当代许多研究学者都高度评价了黄山画派师法自然的成就。在黄山画派巨子中，雪庄、渐江、石涛、梅清、黄宾虹、刘海粟等，都有在黄山及周边地区长期居住和多次游览的经历。

查士标在渐江的《黄山图》中题跋：“尝闻万卷书，行万里路，乃足称画师，今观渐公黄山诸作，岂不洵然。”萧云跋黄山图：“乃师归故里，结庵莲花峰下，烟云变换，寝食于前，胸怀浩乐，因取山中诸名胜，制为小册。”石涛有言：“黄山是我师，我是黄山友。”石溪认为“他山一目尽能收，此山幽奇难思议”。梅清题画跋曰：“余游黄山后，凡有笔墨，大半皆黄山矣。”一些近现代画家，也依然具有长期游览黄山的经历。黄宾虹九上黄山，言“老且病，不能拔身归黄山恨耳”。刘海粟十上黄山，在不同年龄段创作了数量众多的黄山图。

1. 黄山图之“象”及相关分析

本书先对上述所列黄山画派代表画家的审美之“象”进行分析。分析包括画家所绘黄山图景点、游线，景观类型及比例，景点的特征。通过分析，一是掌握古代黄山之审美，二是形成古今对比，为今天的保护管理建立范式。以下依照不同画家所创作的黄山图逐个展开分析。

1）渐江（释弘仁）

渐江（1610—1664）是明末画家，本姓江名韬，字六奇，安徽歙县人。为明末遗民，有很强的反清情绪，是一位有民族气节的画家，明亡后在福建武夷山出家为僧，法名弘仁。弘仁对当时的新安画派有深远的影响，是新安四大家之一，被认为是黄山画派的奠基人之一。在清初四家中，只有渐江一人受禅宗思想的影响。他擅用干涩的黑色和绿色为主绘画。后返回黄山地区，将家安在“黄山白岳间”。弘仁的思想从早年的儒转化为后来的儒、佛、道三家皆有，他的画意境疏淡，原因是作为明朝的遗民，他始终保持着对前朝的忠诚。在前朝之势已去的背景下，渐江全心皈依佛门，彻底淡泊功名，精神深处越发淡漠。因此，渐江“无为”的人生观始终支配着他的美学观，指导着他的美学创造。在绘画风格沿袭了“元四家”，尤其是倪瓒。渐江精神中的冷、思想中的静，“决定了他的审美统觉，也决定了他笔墨发展的方向”（杨东平，2010）。渐江有长期观察黄山的经历，石涛曾跋他的《晓江风便图》，“公游黄山之最久，故得黄山之真性真情也”。他一生居于“庵莲花峰下”“寝食于兹”。

“坐破苔衣第几层，梦中三十六芙蓉”，晚年欲“结庐终老”于“浮溪丹台之间”。在渐江笔下，黄山的美是冷峻、高洁、空旷、清雅、峻逸、空旷、深邃，黄山的艺术形象也是真实的。弘仁绘有《黄山真景图册》(60 开)，每帧描绘黄山一处景观，并题写地名。统计得弘仁“黄山图”绘有人文景观(约 15 开)：松谷庵、翠微寺、皮篷、云谷、莲华(花)庵、喝石居、飞光帕、慈光寺、青莲宇、文殊院、仙桥、觉庵、赵州庵、白砂庵、掀云牖、鸣亭殿；山景(14 开)：天都峰、莲花峰、狮子林、石笋矼、飞来峰、月塔、清潭峰、大悲顶、绿蓑崖、一线天、光明顶、观音岩、西海门、横坑；水景(9 开)：丹井、乌龙潭、桃花溪、小桃源、朱砂泉、九龙潭、锡杖泉、油潭、洒乐峪等；生景(3 开)：扰龙松、卧龙松、蒲团松。从所绘画面数量比例看，人文景观数量多，与山景基本形成 1∶1 的比例，水景次之，生景最少。弘仁的绘画风格构图奇纵，风格清雅峻逸，给人以冷静之感。他一方面师古人，喜模仿倪瓒，在他的画中能看出倪云林的高旷俊冷。另一方面师造化，渐江所绘的《黄山真景册》，几乎每一幅都标注有地名，很多景点在今天依然可寻。

2）江注

江注(1626—1685)为清初画家，绘画为渐江亲授，平生与渐江出游较多。其绘画风格类似于渐江，所绘 50 开的黄山图也均标出地名。江注的黄山图较之于其余名家的黄山图数量偏多，一共有 54 开(含 4 开为题字，其余均是一图一景)。所绘景点有，山景(27 开)：飞龙峰、九龙峰、狮子林、散花坞、石门、西海门、容成峰、石笋矼、绿蓑崖、两猿峰、五老峰、白砂岭、炼丹台、云门峰、莲花峰、石床峰、芗石、飞光岫、石人峰、仙人榜、藏云洞、清潭峰、一品峰、阎王壁、月塔、飞来峰；水景(13 开)：小桃源、汤院、百尺潭、东源、浮溪、圻线潭、香林源、洋湖、仙镫涧、锡杖泉、白龙潭、容溪、鸣弦泉；人文景观(11 开)：逍遥亭、不染庵、慈明庵、指月庵、仙桥、半偈山房、丁公庵、云涛庵、横坑、半云亭、光明藏。江注的黄山图中描绘山景的场景最多，达到了 27 开，描绘水景和人文景观的画面相当，均约为山景的 1/2。

通过分析江注黄山图可知，当时黄山游览景点除了名峰、名石等知名景观外，还包含了在当时并不为人之的黄山脚下及周边的一些景观，如芗石、慈明庵、香林源等。在江注所绘的黄山图中，人文的景观的描绘占到 1/4，一是反映了文人对当时人文景点的热爱，二也反映了黄山作为旅游景点的高度成熟。弘仁黄山图所绘的主要为黄山的高山人文景点，而江注所描绘是低山的人文景点。从他们的图像中可知，当时黄山热门的人文景点除了四大丛林外，亦有皮蓬、青莲宇、掀云牖、半偈山房、半云亭、光明藏等文人书斋和结社处。

3）梅清

梅清(1623—1697)是明末清初画家，号瞿山，人称为瞿山先生，安徽宣城人。(梅清)顺治年间举人。梅清一生游览名山大川，但黄山是他最主要的创作对象，曾两度上黄山，也常年居住于黄山，其作品中以黄山为题材的也最为出色。他擅画黄山的奇松、怪石、云海、山泉，皆以独特的笔墨绘制，后人以“奇”称之。他与石涛、渐江齐名，是黄山画派最重要的人物。梅清在《黄山图册》中题“余游黄山以后，凡有笔墨大半皆在黄山矣”。梅清与石涛的交往甚好，虽比石涛年长，但非常欣赏石涛的画作，他一生创作过多个版本的黄山图。本书所分析的版本包括《黄山十六景》《黄山十景》《黄山仙游册》《黄山揽胜图》《黄岳卧游图》《黄山纪游册页》《黄山十九景》《黄山云门峰立轴》。

他的《黄山十六景》纸本，现藏于故宫博物院，所绘景点有：松谷、翠微寺、炼丹台、天都峰、鸣弦泉、始信峰(含饶龙松)、光明顶、文殊院、百步云梯、汤池、狮子林、云门、浮丘峰、莲花峰、西海门、慈光寺这 16 景。其中，山景 13 开，水景 2 开，人文景观 1 开。其中有 12 开出现了点景人，出现点景人数量较多的场景是：文殊院(3 人)、百步云梯(3 人)、西海门(4 人)、莲花峰(3 人)。1694 年作《黄山十景》册(10 开)绘有松谷、炼丹台、光明顶、莲花峰、狮子峰、天都峰、接引松、西海门、浮丘峰、翠微源十景(图 5-5)，几乎都为山景，除了接引松 1 开、翠微源 1 开，和他类似的还有《黄山仙游册》，也是 10 开的画册。此外，还绘有《黄山揽胜图》8 开，绘制了汤池、炼丹台、云门双峰、文殊院、松谷、九龙潭等；其中山景 4 开，水景 2 开，人文景观 2 开。这组揽胜图以宏观的场景绘制为主，仅有 2 开有点景人。梅清的《黄岳卧游图》绘有 12 景致，它们是西海门、黄山松谷、炼丹台、文殊院、莲花峰、容溪、百步云梯、扰龙松、浮球峰、白龙潭、云门、天都峰。其中山景 8 开，水景 2 开，生景 1 开，人文景观 1 开。1689 年，梅清创作了《黄山纪游册页》(图 5-6)，共 12 开，收藏于上海博物馆的黄山图中。所绘景点有：文殊台、喝石居、莲花峰、九龙潭、霍益松、百步云梯、鸣弦泉、蒲团松、西海门看日落、容溪、黄山松谷、云门。其中山景 4 开，水景 3 开，人文景观 2 开，生景 2 开，天景 1 开，可见水景和天景的比例相当。黄山诸景册页 6 开中，描绘了云门峰、炼丹台、霍益松、光明顶、鸣弦泉、百步云梯六景。其中山景 3 开，人文景观 1 开，生景 1 开，水景 1 开。《黄山十九景》所绘景点为：三十六峰浦海图、喝石居、五老峰、九龙潭、百步云梯、霍益松、鹦鹉展翅、鸣弦泉、浮丘峰、蒲团松、西海门看落照、汤池、云门双峰、五供峰、松谷、炼丹台、虎头岩、狮子林；其中山景 11 开，人文景观 2 开，生景 2 开，水景 4 开。梅清所绘画的黄山图中还有一些单页，如《黄山云门峰立轴》，散见于中国书画图录第 22 册。

图 5-5 梅清 黄山十景

（来源：http://www.360doc.com/content/13/1207/17/8490607_335246209.shtml）

图 5-6　黄山纪游册页

（来源：http://www.360doc.com/content/13/1207/17/8490607_335246209.shtml）

从风格上讲，梅清的黄山图以“奇”“秀”“怪”著称，早年画风为清秀文雅，苦淡中夹杂着润淡。晚年的画风奇特多变，这与黄山奇景对他的熏陶有关，可以说他是将黄山特征捕捉得最为真切的人，他所绘制的黄山图，虽然奇特清逸，但让人一眼就能辨认所绘对象为黄山。他的绘画可以以“变、炼、简、雄、奇”概括。在他晚年的创作中，炼丹台是一个反复吟咏的主题。陈传席先生指出现博物所藏的梅清绘画中，炼丹台就有 7、8 幅之多(陈传席，1998)。安徽省博物馆所藏的《炼丹台》，梅清在炼丹台旁边画了两棵凌风的古松，画面上苍茫的峭壁加强了仙境奇幽、神秘，构图和画面景观要素的选择无不增加了黄山的奇特与仙境意蕴。黄山的水景也是梅清经常题画的主题，所写景点有朱砂泉、白龙潭、鸣弦泉、汤池等，代表作为《白龙潭图》。《白龙潭图》是一张立轴构图，在画面的顶端，用云烟将水源头隐没，增强了白龙潭从天而降的气势。他晚年喜写黄山松，笔下的接引松、饶龙松、卧龙松、蒲团松盘虬奇绝，后人称之为画松如画龙，这与诗文游记中黄山松的地位与关注度逐渐提高基本吻合。除了“奇”“秀”“怪”的特点，梅清的画面还带有很强烈的动势，这种动势通过画面构图表现出来。在梅清经常绘制的《云门》《光明顶》两开(图 5-7)，相似的构图，从画面右下角向左上角延伸，形成向左上角推出的气势。烘托出云门、光明顶的艰险。

梅清也曾受到禅宗思想的影响，从他与好友石涛的交往密切不难推断这一点。梅清虽为遗民，但其思想意识并未受明亡太大影响。清军入侵时，血洗扬州，梅清并未参加任何抗清斗争，一直过着隐居的生活。在朋友的影响下，他屡次想步入仕途，但直到 45 岁也依然未能如愿，从此思想发生转变，远离仕途，开始了悠游名山的生活。他一生游历多地，48 岁第一次泰山之游增加了他的艺术情思，开阔了艺术胸怀。泰山游览后，又游览了黄山，深深地为黄山之美沉醉，而后黄山成为他人生中始终吟咏的对象。梅清绘画作品中不乏客观之处。梅清曾在他的画中题道：“黄山三十六峰唯天都莲花最高，而文殊院为黄海中央土地也。”此描述与徐霞客通过地理考察后的描述甚为接近。

本书纳入了梅清 85 开黄山图分析。炼丹台、云门双峰、光明顶、文殊院、松谷、百步云梯、九龙潭、汤池几处景点是几乎在梅清任何一版黄山图中都出现的景点，也是梅清最喜欢表现的景点。从梅清所描绘的黄山图中，山景占了描绘笔墨的绝大多数，约有 53 开。其中又以光明顶、云门、西海门、百步云梯所占比重最高。其次是水景，共 15 开，所绘水景以白龙潭、鸣弦泉和汤池为主。再次是生景，在所绘生景中霍益松、扰龙松所在生景中占有一定分量，所绘天景则主要为西海门日落。

图 5-7　图左:云门 图右:光明顶

(摘自梅清《黄山诸景图》,来源:http://laoshanyinshi.blog.163.com/blog/static/4683905620131136121 6844/)

梅清通过切身的观察,捕捉黄山独特的雄奇之处。如《西海门图》他在画中这样题跋:"西海门,乃后海极险之境,每当夕照下春时,紫绿万状,千峰列戗,惊心夺魄未易名言。""紫"是中国山水绘画中并不常用的颜色,可见梅清通过了细腻的观察,捕捉到了空气散射折射后的景象。梅清的绘画表现注重意象结合,奇特的"象"能从画面中捕捉到,通过题跋,可以读到画家创作时的心态和对黄山美的感受,形成了意象合一的诠释。《西海门看落照》看出了西海门日落时云海、山峰翻滚变幻的景象。通过文字,则进一步体会到了黄山西海门的美表现在险峻、落日、峰林分立、云海奔腾、晚风吹拂、仙乐动人。题跋为静态的画面增加了险、动,此外还有声音之美,仙乐依稀为黄山的落日增添了一层神圣的气氛。再如《九龙潭》一开,画面构图和用笔,特别是皴笔上强调了动势,而通过题跋的解释"太古蛰龙醒,蚕丛霹雳开。五溪云不去,三峡雪飞来"。使得意象合一,更加能强化这种动态,我们仿佛听到画面中所不能表达的水声,九龙瀑可谓是气势磅礴。他一方面外师造化,另一方面也师古人,他在《登慈光阁望天都峰》一图中,就借用了李营丘的卷云皴技法来表现山石卷动如云之状。他提出"古人在我,我法、不薄今人爱古人的主张"①。

4) 石溪

石溪(1612—1692)刘姓,法号髡残,号石溪。顺治十五年,石溪到黄山游历了

① 此三者为梅清三枚印章。

一年多①，黄山便成为他日后经常吟咏的对象。石溪长期参悟佛理佛法，常年静坐参悟。石溪的绘画以老辣苍健为胜。他所绘的与黄山有关的山水画作约有13幅左右(张子宁，1987)。直接以黄山之景为对象的黄山图有5张，为《黄山道中图》《天都峰图》《黄山千忍图》《六六峰图》《天都溪河图》，几乎全为山景，最后一张《天都溪河图》为山景和水景相结合。

5）周用

周用(1476—1547)字行之，号伯川，今江苏吴江人。他绘制了10开的《新安十景图》册页，其中描绘了黄山的五处景观，分别是白龙潭、慈光寺、文殊台、始信峰、西海。周用的5开黄山图中，水景1开，人文景观2开，山景2开。出现点景人的数量为2开，分别为文殊院与的西海门。西海一开右上角方向，绘制了5个点景人，数量较多，从点景人的活动判读可知为雅集。

6）戴本孝

清代画家(1621—1693)，字务旃，号鹰阿山樵和州(今安徽省和县)人。与石涛、渐江等人为友。戴本孝两度登上黄山，绘有黄山图一册，共12开。所绘景点有：杨干道中，后海、文殊院、云谷掷钵禅院、天都峰、炼丹台、洋湖、朱砂庵炼魔堂、桃花岩狎浪、白龙潭、登莲花峰绝顶、双溪。其中山景有4开：天都峰、炼丹台、莲花峰、杨干道中；水景有5开：洋湖、桃花岩狎浪、白龙潭、双溪、汤泉；还包括人文景观3开：文殊院、朱砂庵炼魔堂、云谷掷钵禅院。他的山水善用枯笔的方法。在戴本孝的黄山图中，水景已经多于山景。邱才桢认为戴本孝的绘画中，其黄山图中所呈现的空间观念与作者的际遇以及家国观念紧密相连。在12开的图像中，双溪、杨干道中、桃花岩狎浪阁对雨、白龙潭观飞瀑，画家是以轻松愉悦的心情观山水。而整个画面的节奏以及要表达的情愫，在望天都峰一开后出现了一些变化，从笔墨上看，由湿笔转向了枯笔，点景人不再出现，此套图中有点景人出现的只有4开。具有强烈爱国思想，他始终怀念大明王朝，反对清朝的统治。而这种遗民意识也影响了他的绘画，使他的绘画风格表现出空和寂，因而在他的山水图册中，经常可见代表空寂、孤独的空亭母题。

7）石涛

石涛(1642—1718)，清初画家。本姓朱，名若极，广西全州人。法名原济，号苦瓜和尚、大涤子、清湘陈人等。是黄山画派的巨匠，著有《苦瓜和尚画语录》，对中国绘画史影响深远。黄山图的创作在石涛的一生中占有重要比重。他的《黄山图》创

---

① 美国学者张子宁认为髡残于1659年前后在黄山居住过一年左右时间。

作主要集中于青年和晚年时期。他在青年时期以游方和尚的身份数游黄山，并绘制了大量的《黄山图》①。石涛所绘制的黄山图中最具影响力是《黄山八胜图》。

禅宗思想对石涛，特别是他后期的绘画影响深远。在他的思想中，既有禅学思想，又有道家思想；这些思想与他晚年的人生经历化合，成就了他独树一帜、自由创新的画风。石涛身上并没有太多的遗民包袱，明亡时石涛仅是一个 4 岁的幼儿，因而在创作思想上石涛较之于其余黄山画派画家更为解放。在他的一身中，也曾亲近清廷，受到康熙皇帝的召见，以画争宠，但终未得势，于是返回扬州，靠买画为生。

8）雪庄

本名不详，名释传悟，号雪庄。康熙二十八年九月（1689 年）来到黄山，长居于云舫，后人以“云舫大师”尊称。善画，画黄山最多，包括黄山的山水及花卉，绘有若干黄山图和以黄山花草为题材的《卉笺》。雪庄当时居住在黄山后海山上的云舫，又名皮蓬，过着耕读的生活。他受汪士鋐等人的资助，在九龙潭附近营建云舫，致使他有机会常年与黄山接触，感受和观察黄山的阴晴雨雪、四时变幻，成为他黄山写实性创作的必备条件。他绘有诸多《黄山图》，其中 43 开被汪士鋐收进了《黄山志续集》。所绘的景点中山景有 24 开，包括的山景景观类型有峰、矼、洞；水景图有 5 开，人文景观 4 开，生景 3 开，天景 2 开。除了《黄山志续集》中所收录的黄山图外，雪庄还绘有一套 5 开本的《黄山图册》，现藏于美国大都会博物馆（图 5-8）。相比收录于《黄山志续集》中的黄山图所绘的大众景点，此《黄山图册》画的多是鲜明为人知的景点。在这 5 开的黄山图中绘有宝印峰、合掌峰、佛影峰、金炉峰、聚仙峰、石头巾、月仙、天柱峰、送供峰、老子峰、丹霞峰（在云舫之左），极大地丰富了黄山的景点，也成为清初三十六小峰命名的重要依据。这 5 开本的黄山图所绘皆为山景，将山峰的艺术形象与佛僧结合起来，将佛教审美与黄山审美形象的表达结合起来。

雪庄所绘制的黄山图出现了两个景点合二为一的情况，从画面命名的方式可以清晰地推断画家所站的位置，如云舫之左数峰图，云舫之右数峰图等，可以推测在前一开作者站在云舫右侧，而在后一开作者站云舫在左侧。此外，雪庄的《黄山图》也是所有黄山图中最具写实性的作品，《黄山志续集》《黄山领要录》都使用了画僧雪庄绘制的黄山图（蒋志琴，2005）。原因是雪庄在创作黄山图时以《黄山图经》为参考，且因为《黄山志》为受托所作，因而在画中特意强调真实性，因而绘画也具有明显的《图经》形式和舆地图的特点。

---

① 据李驎《大涤子传》描述：“既又率缁侣游歙之黄山，攀接引松，过独木桥，观始信峰。居逾月，始于茫茫云海中一见之。奇松怪石，千变万殊，如鬼神不可端倪，狂喜大叫，而画以益进。”

图 5-8　雪庄黄山图(5 开选 2)

(来源:美国大都会博物馆官网 http://www.metmuseum.org/exhibitions/view? exhibitionId=%7BB224 EEE2-E640-40DB-BBB4-CB8F759671C6%7D&oid=73651&imgNo=0&tabName=label)

除了视觉景观,他更雪夜卧听于云舫,用听觉发掘黄山的声景之美,写下了著名的《雪夜听泉歌》。诗中将水的变幻与四时之景结合起来,将人们的审美角度从视觉的峰峦之奇转向了声音之美。将所听与心境结合,幻化出不同的场景,有远有近,有自然之音,也有人间社会。最后,他用"黄山不独峰峦奇"高度肯定了黄山声景美的价值。

9) 郑旼

郑旼描绘了 8 开的黄山图。所绘画景点有:天门松、狎浪亭、登莲花峰绝顶、鸣琴泉、轩辕碑、九龙潭、扰龙松、天都峰;其中山景 3 开,水景 3 开,生景 2 开。

进入近现代后,黄山画派又涌现出一批绘画巨匠。代表人物有:黄宾虹、张大千、汪采白、贺天健、江兆申等,本书选取黄宾虹、张大千、郎静山进行分析,如表 5-3 所示。

表 5-3　19 世纪 20—30 年代三位画家所创作的黄山图分析

景观类型(开) 画家及数量(开)	数量	水景	山景	天景	生景	人文景观	出现点景人数量
黄宾虹《黄山卧游册》	16	5	7	1	—	2	2
张大千《张大千黄山图册》	10	1	7	—	—	2	—
郎静山	若干	—	—	—	—	—	—

10）黄宾虹

黄宾虹自幼就跟随父亲学画，并且大量临摹古代大师作品。19岁首次游览黄山就被深深吸引，致使他一生九上黄山，留下了许多不朽的绘画作品和文学作品。著名的文学论著有《黄山画家源流考》，从理论研究和实践两方面，将黄山画派的研究推向了又一高峰。

从价值观上看，黄宾虹对黄山有深厚的感情，这情感一是源于对家山风景的热爱与自豪，和对新安画派等徽州籍画家及自我身份的高度认同。

本书选取黄宾虹的《黄山卧游册》进行分析(图5-9)。这是一册16开的黄海纪游图，王伯敏为其作序道："是册黄山卧游集，乃先师为孝文写黄岳胜景。"在此册黄山图中，所绘景点有：云巢洞、慈光阁、散花坞、汤池、卧龙松、狎浪阁、莲花沟、轩辕坡、青鸾峰、玉龙潭、潭渡、文殊院、一线天、鳌鱼洞。其中水景5开，山景7开，生景1开，人文景观3开。

黄宾虹延续了新安画家"师法自然"的特点，长期在对自然的观察中形成创作的素材。他在狮子林至始信峰的途中，观察虬枝伟干的黄山松，认为他们与平常生长在山崖间的黄山松不同。因此，他常常与其对坐，流连忘返，多次观察，最终卧游绘之。黄宾虹中青年时期居住在歙县潭渡村，距离黄山约50公里，所在位置为"北面天都、云门诸峰、旦暮可见"。因为地理优势，新安画派的画家有条件数次登临黄山，捕捉黄山的动态变化，并且努力将所见之美景表现于画纸上。黄宾虹也不例外，一生九上黄山，被学界认定为新安画派的传承人和发扬者。在他的《讲学集录》中论述了黄山较之于其余名山的特点，"松树与云海堪称奇观，包有桂林、雁宕之长，兼华山之雄伟也，而独擅奇"。

11）张大千

张大千一生广游山水，许多名山大川都曾是他作画的对象，但黄山几乎是他入画次数最多的名山。一是他早期受到黄山画派的启蒙，绘画基础及根基始于黄山画派，早期的他也以黄山画派人士自居。二是黄山变化莫测，可入画的风景远远多于其余名山。张大千认为黄山可取之景不像其余名山，"黄山四境之内，无一不是佳景"。他在黄山游览写生期间，还创作了大量的黄山诗。

本书选取张大千作于1932年的《张大千黄山图册》为例进行分析。该纪游图共12开，所绘景点为：七里泷、新安江、慈光寺、天门坎、小心坡、剪刀峰、莲花峰、莲蕊峰、文殊院、始信峰、汤泉、西海群峰。除了七里泷、新安江为途径至黄山景点外，其余诸开均为黄山景点，共10开。在众多景点中，山景有7开，占了绝大多数；水景1开，人文景观2开。在这本册页中，可以明显注意到，此册中的文

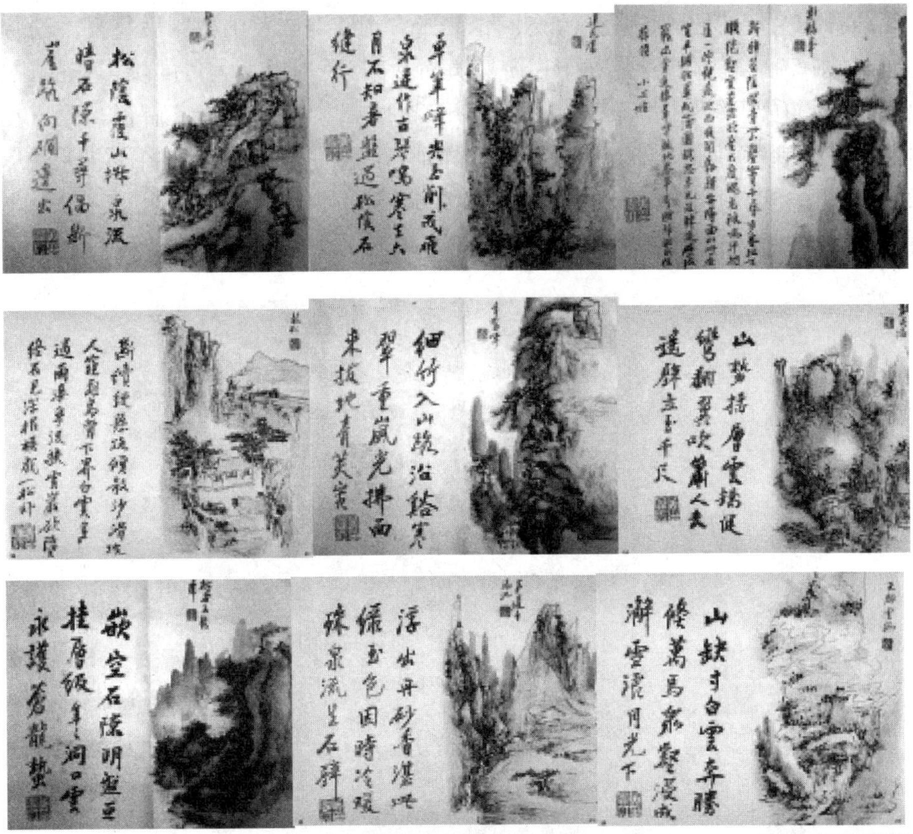

图 5-9　黄宾虹《黄山卧游图册》

（来源：http://www.9610.com/hbh/ce.htm）

殊院与前朝各画家所绘的文殊院有明显的差别①，前朝诸家黄山图的文殊院多为正面视角，而张大千所绘文殊院则是从侧面进行描绘，可以看出文殊院后拥玉屏，

① 张大千亦在《文殊院》题跋中有所注明："文殊院乃前澥中央一岛屿也，左天都右莲花，后拥玉屏，欲观铺海舍此莫由。予此幅从侧面写之，又石涛瞿山所未有者。"

前观铺海的绝佳的地理位置。文殊院也是张大千在3次黄山游览后反复不断吟咏的题材(图5-10)。此外,张大千在游览黄山期间,还拍摄了大量的摄影作品,挑选出12张刊印成了《黄山画景》,并以图文并茂的方式对此册进行了解说。除了在画册中被描绘到黄山景观外,在他的绘画中独立成景的黄山图还有十多处,百步云梯、慈光寺、光明顶、始信峰、云门双峰、鸣弦泉、汤泉、莲花峰、清凉台、天门坎、小心坡、前后澥、法台石、九龙瀑、文笔峰、文殊院。

图5-10 黄山图册之文殊院

(来源:张大千《黄山图册》,此册藏于首都博物馆)

张大千一生三上黄山,较之于前朝艺术家,他的黄山艺术欣赏表现在两个方面。一是张大千对黄山的观察与写生增加了摄影术的帮助。他不仅绘制写生画稿,还拍摄了许多照片,为日后黄山山水画再创作打下了坚实的基础。二是他倡导欣赏者要亲历游览,并且要深入其间,栖身其中,查物态、体物情,培养出胸中的丘壑。值得注意的是,张大千的绘画创作中强调了自然规律对于绘画创作的意义。他强调了绘画创作中要了解气候差异、土壤等自然条件对植被形态的塑造①。张

① "譬如画山,要了解南北气候的不同,土质的各异,于是所生的树木,也就迥然不同。……如画花卉,有向阳者,有喜阴者,向阳者必定要有挺拔的姿态,喜阴者必定有荏弱的意态……"摘自李永翘所编《黄山年谱》。

大千对黄山的总体评价是：黄山好在一个“奇”字。

12）郎静山

郎静山被认为是中国最早的摄影家。他拍摄了诸多黄山图，对黄山审美的表达进行了创新。他通过摄影技术，将中国山水画的创作理法与摄影技术相结合，创立了“集锦摄影”技术。郎静山认为集锦摄影是“中国绘画之理法今日实施于照相也”①。这种手法通过截取相机胶卷中的片段，通过暗房技术，将片段进行叠合，与中国绘画之“三远”创作方法类似。集锦照相可以弥补近景和远景的不足，汲取了中古山水画描摹自然随意移置的理念，使成为完美之画也。总之，他的摄影术是将东西方审美进行融合的案例，用来自西方的照相技术结合山水画的思想和创作原则，来展示新时代对黄山的审美理解。

郎静山摄影创作已明显不同于古代黄山画派画家的创作，不再专门标出某一景点的地名，而更多的是为了艺术创作效果，其图像只在一定程度上具有真实性。

从黄宾虹到郎静山，从创作手段上讲，虽然都是国画或类似国画的创作，但张大千、郎静山都利用了摄影术的辅助，以照片作为粉本进行创作。从作画技艺上看，张大千的山水明显受到西洋绘画的影响，画面中有明显的明暗阴影和较强的空间感，这是与传统中国山水绘画有明显的不同。对 20 世纪 20 年代几位画家的黄山图和黄山摄影创作分析统计可知，作为景点入画频率最高的景点是狎浪阁、散花坞、天都峰、莲花峰、小心坡，而同时出现在 3 人作品中的景点是慈光寺、汤泉、文殊院，也是近现代黄山的热门景点。

20 世纪 50 年代黄山图的创作，与之前两次黄山图创作的动机不同。在官方的组织与号召下，赴黄山写生的画家肩负着宣传我国大好河山的历史使命，因而，50 年代的黄山图都具有很强的写生性。而这一时期，由于社会建设的需要，讴歌社会建设成就的作品相继出现。比如贺天健等所创作的《黄山宾馆翠峦间》《黄山新面貌》，黄山的宾馆、大门等相继成为入画的题材。

2. 黄山图创作时代及社会背景

上文将黄山图的创作以及黄山审美的确定分为了 3 个阶段，第一阶段是 17—18 世纪明末清初时期的黄山，是普门开山后黄山旅游发展的第一个小高峰。第二阶段是 20 世纪 20 年代，正值国民政府大力开发建设及宣传黄山而催生的黄山图

① 集锦摄影采用了现代摄影手法，但在价值观上与中国传统的山水审美一脉相承。郎静山用一句很经典的话进行了总结：“此亦即中国绘画之理法今日实始施于照相者也。”（郎静山，《集锦作法》，1951）郎静山认为照相机受到了机器本身的限制，“于摄底片时不能于全景中而去其局部，且往往以地位不得其宜，则不能得适当角度”，集锦摄影则能弥补相机本身的不足，本着中国山水画的三远方法和随意取舍的态度，随意取舍。在照相纸上按照作者的需求布置前景、中景、远景。集锦摄影可以成为一种后图像。

创作的第二个小高峰。第三阶段是20世纪50年代，新中国对黄山的建设和以黄山作为国家形象的宣传所激发的创作的第三个小高峰。

有学者认为第一阶段黄山图创作高峰的社会机制有3点：①黄山奇秀，可触目寄怀，遂超逸驾；②徽州境内朋友知己邀游，揽衣结睇，黄山成为最佳目的地；③感乱表时，希望通过流寓他乡，绝尘远俗，寄兴幽贞(陈宝良，2005)。普门开山时期的晚明正好处于一个由农业社会向商业社会过渡的时期，在这一时期，由于社会分工的不同，其劳作方式显然已经不是简单的男耕女织，老公开始从男耕女织的"本业"扩大到了一个工商一类的"末业"。因此，商品经济的发达，致使晚明的社会生活逐渐趋于享乐化和世俗化。

明代所盛行的"新开门七件事"①，旅游位居第三，可见在当时旅游已不仅仅是文人士大夫阶层的雅集，而逐渐成为普通民众的日常生活部分，生活享乐化和艺术化之风在晚明清初时期逐渐盛行。

第二阶段，20世纪30—40年代，是黄山旅游发展的第二个小高峰。从对黄山描述和记录的杂志的数量看，1934—1937年是黄山图创作的高峰期，大量的旅游指南和摄影作品在此时被编写。黄山形象的宣传和被接纳归结为以下三点：

(1) 道路交通的便捷。1933年1月26日杭徽公路的通车是黄山加速开发的关键原因。在杭徽公路通车以前，杭徽之间的往来主要通过陆路和水路。陆路需要至少10天以上的时间，遇到下雨塌方，时间有可能更长。而水路则是由"浙江的钱塘江至淳安，折入徽境"②，途中有钱塘七十二险滩，因而阻拦了大多数向往去黄山的人。杭徽公路的通车，大大缩短了旅游时间，从杭州仅需一日就可以到达黄山。

(2) 民国时期经济发展和旅游需求增加，使得黄山的开发建设被提上了日程。上海旅游经济和影响力的辐射致，使黄山成为上海人继杭州之后的又一旅游目的地。上海当时传媒产业的发展③使得黄山的美景形象得以宣传，《美术生活》《良友》等杂志都以较大的篇幅刊登了黄山。王履冰的《黄山游览指南》(上海，1936)、许世英和陈家庆编写的《黄山揽胜集》(上海：中华书局，1936)等都是这一时期黄山旅游的宣传品。此时的黄山，不仅有政要为主导进行开发，也有民间的商业势力涉足开发，一些僧人也参与到商业经营之中。1934年期间中国旅行社就已在桃源觅址建旅舍。

---

① 新开门七件事有：谈谐(即说笑话)、听曲、旅游、博弈、狎妓、收藏(书籍、古董、时玩)花虫鱼鸟，其中既有大众百姓逗闷的乐子，也有文人士大夫打发闲暇的雅趣。(田艺蘅，明)

② 引自《黄山志定本》，第21页。

③ 1933年全年，上海出版了178种杂志，作为首都的南京有39种，北平只有9种，全国十个主要地区共计出版杂志248种，上海占了70%。

(3) 国民政府许世英牵头，成立黄山建设委员会，在黄山及其周边大搞建设，如“黄山居士林”，补修、重修了一些黄山登道，还新建设了一批工程。一些建设在险要之地登山步道被誉为“伟大的工程”，甚至代替黄山的自然美景，成为伟大的奇观 。此外，“黄社”的成立，使黄山的图像得到进一步传播。黄社大多数成员在黄山建设委员会任职①，也在一定程度上促成了风景开发。在1930年后一段时间里黄山的开发程度，远远高于新中国成立之后。

黄山开发建设第三阶段的热潮出现在20世纪50年代左右，黄山旅游的开发与新中国建设和国家形象、爱国主义教育的宣传密切相关。

经黄山图历时性审美价值分析后，通过古今对比，从游览路线、景点及数量、景观类型和游赏方式这几方面概括黄山图历时性的审美价值。

游览路线上，从黄山图分析可知，明末清初时期黄山有多条游览路线，分为高山景区和低山景区的游览路线，其中包括两条最受欢迎的水景游览路线。但汤泉—白龙潭—鸣弦泉一线已不再是今天的热门游览线。

从景点及热门度上，在弘仁和江注的黄山图中有诸多人文景观，如松谷庵、翠微寺、慈光寺、文殊院、皮篷、掀云牖、莲华(花)庵、喝石居、飞光帕、云谷寺、青莲宇、仙桥、赵州庵、白砂庵、逍遥亭、指月庵、不染庵、慈明庵、丁公庵、觉庵、云涛庵、仙桥、半偈山房、横坑、半云亭、光明藏等，也是当时作为深度旅游的热门景点，而这些人文景观今天多数已遭到了破坏，有些甚至已消失殆尽。

明末清初时期黄山图中热门水景景点有汤池、丹井、鸣弦泉、朱砂泉、五龙潭、九龙潭、白龙潭、桃花溪、小桃源、锡杖泉、油潭、洒乐峪、百尺潭、东源、浮溪、圻线潭、香林源、洋湖、仙镫涧、锡杖泉、容溪。

明末清初时期黄山图中热门的山景景点有：天都峰、莲花峰、狮子林、石笋矼、飞来峰、九龙峰、散花坞、炼丹台、西海门、云门峰、石床峰、月塔、清潭峰、大悲顶、绿蓑崖、一线天、光明顶、观音岩、横坑、石门、容成峰、两猿峰、五老峰、白砂岭、芗石、飞光岫、石人峰、仙人榜、藏云洞、清潭峰、一品峰、阎王壁。其中天都峰、莲花峰、狮子林、石笋矼、西海门、炼丹台、光明顶、百步云梯是山景中入画频率最高的景点。

通过统计20世纪20年代3位知名画家的黄山图创作，入画频率最高的景点是狎浪阁、散花坞、天都峰、莲花峰、小心坡，而同时出现在三人作品中的景点则是慈光寺、汤泉、文殊院。而50年代后的黄山图，出现了以黄山工程建设为对象的绘画题材。

景观类型上，明末清初的黄山图中，山景数量最多，水景数量次之，人文景观数量再次，其后是生景和天景。在梅清描绘的山景中，又以光明顶、云门、西海门、百

① 黄宾虹就任宣传委员一职。

步云梯所占比重最高。山景不仅数量多，而且类型丰富，包括峰、林、矼、坞、洞等不同景观。而描绘水景画面的类型也比较丰富，包括池、潭、泉、溪、源等不同类型。其中，在石涛、孙逸、郑旼这些画家的黄山图中，山景与水景的比例达到了 1∶1，足见当时水景游赏的受重视程度已和山景并驾齐驱。

在游赏方式上，从黄山图以及黄山纪游图中所展现出的“游观性”可知，当时文人画家游览黄山时做到了长期深入观察，饱游饫看，步行亲自体验黄山的风光。从明末清初黄山图点景人的分析可知，黄山游览活动丰富多样，有登山、打坐、垂钓、清谈、眺望、雅集、下棋等，充分反映了画家文人的林泉之心，可以成为我们追寻古人脚步寻找山水之美的重要参照。另外，卧游黄山图也是对黄山山水审美欣赏的重要方法。

四、历史上黄山审美的总结

上文通过对黄山诗、黄山游记、黄山图在“象”方面的分析，得到了黄山审美历史上的变化。将黄山图、黄山诗、黄山游记分析中所得出的黄山之“象”与今天的黄山审美进行比较，得出黄山在游览路线、景观类型、游览景点的数量、游览体验方式和宗教意涵五个方面的古今差异和值得传承与保护的黄山的审美价值，并为今天黄山的保护管理建立范式。

1. 游览路线

将明末清初、20 世纪 20—30 年代的黄山山水审美与今天黄山山水审美比较可知，明末清初时期黄山的游览路线主要为四条，即普门开山后形成的相对稳定的四条游览路线。一是由山南汤池至祥符寺、汤泉经慈光阁、玉屏楼至天海；二是苦竹溪经云谷寺、白砂岭、白鹅岭、狮子林到天海；三是从辅村到北海；四是从焦村经钓桥庵、汤岭到温泉。除了四条主要的游览路线外，还有低山及黄山周边的一些景点。

汤院至鸣弦泉一线是当时游人们喜爱的路线，而这条路线已经不再作为今天的热门旅游路线。通过比较不同版本的黄山图可知，汤泉—白龙潭—鸣弦泉—莲花峰—文殊院—炼丹台—光明顶—狮子林—西海门—始信峰这条路线是画家常走的登山路线。

江注 45 开的《黄山图》除了绘制世人非常熟悉的自然景观，如白龙潭、莲花峰、狮子林、西海门、石笋矼等，还绘制了汤院、慈明庵、指月庵、丁公庵、云涛庵等人文景观，还另有一些不为人熟知的景点，如芗石、慈明庵、香林源等(邱才桢，2011)。可见当时画家文人对黄山美景的探索已经较为深入，黄山作为旅游景点在当时已经比较成熟，不仅包含了在黄山高山景观的景观，还包括低山景区及周边的景观。

通过对比古今游线可知，民国至新中国新增的步行道整体景观效果尚可。对于古代形成的4条游览路线,除了部分路段为了增加游客容量和确保游客安全拓宽道路外,基本保持了古代游赏格局和观景点。改革开放后,一些新建旅游线路具有良好选线意识和观景效果,如西海大峡谷。但索道和地轨缆车的建设颇具争议,这两种游赏方式都与传统山水审美的“游观性”截然不同。索道游览视角始终如一,且游览时间短,致使游客对山水无参与感,导致游览体验欠佳。而地轨缆车的建设则更是大大影响了视觉景观、观景效果、游览体验,并且对生态系统造成了巨大的破坏,对于各条线路古今对比及效果的评价如表5-4所示。

表5-4 古今游线对比与评价

位置	古道	古代改建	近代改建(民国)	现代改建1950年后	评价
南路主要登山路线	温泉—玉屏	清代废罗汉级	拓宽	改青鸾峰登山盘道	一方面对罗汉级文物起到了保护作用;另一方面却丢失了蹬罗汉级险趣
	玉屏—北海	—	民国重修	增设栏杆扶手和休息点	景观效果维持
西坡主要干线	紫云村—焦村	—	民国修缮	—	景观效果维持
东路主要路线	苦竹溪—云谷寺	清整修此路,建石坊	—	因开发九龙瀑,对路面进行全面修整	对于缓解游客拥堵具有一定意义
	云谷寺—北海	—	将小道改为石路	白鹅岭至北海段拓宽加固,白鹅岭段的路宽达到2.5米	对于缓解游客拥堵具有一定意义,但对于奇绝的景观效果有一定影响
北坡主要路线	芙蓉岭—北海	—	将小道改为石阶路	拓宽路面	
山顶(天海、北海、西海主要路线)	天都老道	—	—	新增天都新道	对于缓解游客拥堵具有一定意义
	莲花登道	—	—	新增莲花峰循环道	对于缓解游客拥堵具有一定意义
	北海—始信峰	—	—	—	对于缓解游客拥堵具有一定意义
	皮蓬路	—	—	—	—

（续表）

位置	古道	古代改建	近代改建（民国）	现代改建 1950 年后	评价
				天海—西海新修路（光明顶—排云亭）	—
				白云新道	
				丹霞峰登道	—
				西海大峡谷游步道	开拓了西海大峡谷的景观，使游客能够深入谷底欣赏西海大峡谷的震撼
				百步云梯循环道	拓展游客容量
				白鹅岭—石笋路	—
				西海大峡谷—三溪口	—
		均为新建		云谷索道	虽然提供了人们俯瞰的视角，但大大缩短了游览时间，减弱了真实登山的游览体验，并且对视觉景观、生态系统造成了较大的影响
				太平索道	
				玉屏索道	
				西海大峡谷地轨缆车	虽大大扩展了景区容量，但并没有提供人们特殊的观赏视角和游览体验，相反减弱了游客真实登山的游览体验，对视觉景观和生态系统造成了严重的破坏

2. 景观类型

在历史上，黄山的山景、水景、人文景观、生景、天景、声景、季节景观（雪景）都是人们喜爱的景观类型。与今天黄山官方所宣传的奇松、怪石、云海、温泉、冬雪有一定的吻合程度，但也存在明显差异，主要差异表现在：

古代黄山的审美欣赏重视水景，重视欣赏水景的不同类型，与今天黄山官方所宣传的“五绝“中水景只强调温泉形成鲜明对比。从诗歌、游记、黄山图的分析可知历史上黄山不同类型的水景占有相当重要的比重。从黄山图主景类型的总体数量看，描绘山景与水景的黄山图数量比例为 2∶1，而在石涛、孙逸、郑旼这些画家的黄山图中，山景与水景的比例达到了 1∶1。从文本和图像分析可知，古代黄山水景游赏较之于今天更加丰富多样，包含泉、潭、瀑、溪等水景观，在众多山水游记和诗歌中提及的热门游览路线有：白龙潭—汤寺—鸣弦泉一线、五龙潭景区。著名的水景点有汤池、丹井、鸣弦泉、朱砂泉、九龙潭、油潭、白龙潭、桃花溪、小桃源、锡杖泉、洒乐峪、百尺潭、东源、浮溪、圻线潭、香林源、洋湖、仙镫涧、锡杖泉、容溪。白龙潭气势磅礴，声音憾人，五龙潭水景声响各殊，不可名状。在明末清初时期，甚至还出现了对于游人过分重视山景而忽略水景的反思。

古代山水游赏体验重视五感体验，在黄山图、诗歌、游记中，不仅描摹了黄山视觉之美，也包含声音之美、气味之美和触感之美，这与今天黄山审美重视景，轻音景、味景形成鲜明的对比。在黄山历史文献中，我们不仅能从梅清、石涛的绘画中看到白龙潭的气势、鸣弦泉的独特，又能从袁中道、钱谦益、潘耒的文字中听出五龙潭（即青潭、白潭、龙渊、油潭、乌潭）的声音各殊以及汤寺至鸣弦泉一线声音的丝竹管弦之盛，更能从渐江的画中、雪庄的诗中听到月夜笛声，雪夜泉声。雪庄雪夜听泉，将所听与心境意象相结合，幻化出不同的场景，有远有近、有自然之音、也有人间塞社会。而在今天黄山山水审美及欣赏中，较少见到自然声景审美体验，对黄山审美解说教育和审美引导中也主要集中在视觉方面。

古代黄山审美中生景是较为重要的类型，生景欣赏除了重视黄山松外，也提及了对于黄山花卉、植物以及虎豹、鹤等动物。描绘生景的黄山图几乎全部为黄山松，绘画对象集中在蒲团松、绕龙松、蟠龙松、接引松四大名松。对奇松的热爱明显兴起于明末清初时期，尤其体现在清朝一代。而对于黄山松的审美基本得以延续，一些松树因为其独特的形象，如迎客松、送客松在现当代被赋予了极高的地位，并予以特殊保护。

人文景观欣赏在黄山历史上占有重要比重，在渐江、江注等画家所绘的黄山图中，占有与山景几乎相当的比重，但确是近现代破坏毁灭程度最高的景观类型。通过古今对比可知，一些人文景观已经逐渐消失，如白砂庵、喝石居（现作为玉屏楼宾馆的分部）、月塔、掀云牗、赵州庵、觉庵、横坑等。而一些尚且遗存的景点也存在着景点名称变化，景观格局变化的问题。比如文殊院，除了名称改为玉屏楼外，建筑用途也改为宾馆，此外建筑体量还大为增加。而狮子林宾馆这类人文景观，历史上并没有，是 20 世纪 50 年代由于黄山旅游发展的需要而建立起来的新的人文景观，其价值、形式以及与风景的协调程度都值得仔细评估。本书以《黄山志定本》为依据，结合黄山诗、黄山游记、黄山图，将古代与近现代人文景观进行对比，得出现代黄山人文景观的保护状况。据《黄山志定本》中记载寺庙、寺院、道观、人文山居建筑、亭榭等共 84 处，从目前黄山保护管理的相关资料统计得知，仅有约 15 处人文景观遗迹仍得以保留，仅占古代总量的 17%。而这些人文景观的消失不仅仅是审美类型的消失，同时也意味着观景点的消失以及观景视域的消失。黄山在近现代建立了众多人文景观建筑，从亭这一类建筑，新增的就有炼玉亭、翼然亭、观鱼亭、桃源亭、妙妙亭、半月亭、立马亭、邀月亭、入胜亭、心静亭。对《黄山志定本》中的人文景观梳理与分析后可知，寺观的选址不仅讲究风水，也讲求观景效果，如文殊院。从玉屏至文殊院，一路上风景有旷有奥，小心坡的险、一线天的奥、光明顶的旷、桃花源的幽、石笋矼的异，文殊院兼收其胜。不仅能够看见山径绿梯穿石穴，而且能看见远山的平楚，景色独特卓绝。再如宝珠庵，在香炉峰下，掩映在修竹中，并且是观赏天都、莲花二峰的绝佳视点。拥有绝佳观景点的古代建筑(群)还有：掷钵禅院、大悲院、普祐院、光明藏(适合观月光)、云涛庵、白云庵、散花庵、浮丘坛，而这些观景点今天均已经消失。从古代黄山亭子选择看，亭子的选址讲究利于观景、听泉、观瀑。所观之景有旷有奥，因此古代设亭处即为最佳观景点。如天绅亭，在丞相源道中，亭中坐观九龙潭如编贝如贯珠，雨后汹涌澎湃，有千里之势。又如点石亭，在脚庵，“侧山远而原矣，至斯亭者而宝地也”。再如锡泉亭，在锡丈泉边，“赏泉水，隐隐斯，僻僻斯，静静斯”。而这些亭子在历史上由于各种原因被毁，近现代所建立的亭子，只有为数不多的几处是在原址基础上重建，如半月亭、入胜亭。因此，随着古代亭子的消失，不仅造成人文类景观消失，亭子所代表的观景点也随即消失。

3. 游赏方式

从黄山图、黄山诗、黄山游记看，黄山图中的“游观性”保证了黄山的欣赏具有饱游饫看的性质，很多文人、画家都具备长期深入黄山进行观察的体验，如弘仁、石涛、雪庄等。雪庄居住黄山超过三十年之久，对云舫周围山景了如指掌，他的绘画，成为三十六小峰开发的重要依据。从明末清初黄山图中点景人的分析可知，黄山游览活动丰富多样，有登山、打坐、垂钓、清谈、眺望、雅集、下棋等，充分反映了画家文人的林泉之心，可以成为我们追寻古人脚步寻找山水之美的重要参照。另外，卧游也是对黄山山水审美欣赏的重要方法。对于年迈体力不济，或远在外乡的人，以黄山图为载体卧游成为他们游览黄山、缅怀黄山的重要方式。也正因为这种需求，使得黄山图与客观景观之间的联系成为必然。而这些是今天选择索道缆车、地轨缆车，快速的、单视点的旅游方式所无法获得的。

4. 宗教意涵

据《黄山志定本》记载黄山是一处人间天堂，使人可以逃离尘世，在唐代、宋代、元代黄山诗中，宗教意涵明显。在诗中经常提及浮丘翁、容成子、凤管、白鹿、青牛等道教意象，并且从诗文中可以读出当时人们对于黄山的神圣崇拜之情。这一点也被学者高居翰指出，他通过研究宋至清的黄山游记，认为黄山的宗教崇拜以及来自宗教崇高的美感正在逐渐减弱，而趋向一种世俗化的趋势（高居翰，2008）。这种趋势第一个阶段是伴随着明末清初时期黄山的开发，普门开山以后，黄山经历了大发展，佛教建筑的大量新建似乎并没有增加人们对黄山宗教的崇拜与信仰。从文学作品和黄山图中，我们可以看到游赏活动与宗教发生着某些关系，尚佛、礼佛的活动伴随着当时心学的发展，与旅游服务紧密结合在一起。高居翰（2009）指出，17世纪文人画家的创作将黄山世俗化，文人的游览并非为了朝山（朝圣），而是为了纯粹的山水描绘。在《黄山志定本》记载了明末清初时期一些寺院的僧众参与到旅游活动中的事实。第二阶段的世俗化，较之于第一阶段更为迅速猛烈，时间为20世纪20年代。由于杭徽公路的通车，使得黄山不再成为人迹罕至之地①。公路的开通，大大缩短了来黄山的旅游时间。加之经济的发展，旅游活动的盛行，使得黄山成为大众休闲旅游度假胜地。独特的自然风貌，既有雄奇秀美的自然风光，又兼具南方武夷之秀，华山之险，满足了大众对于自然风景猎奇的需求。遗憾的是，黄山的佛教在明末清初盛极一时后就日渐式微，佛寺道观的数量没有增加，佛事活动也逐渐减少，致使原有宗教信仰并没有被很好地、完整地保存下来。黄山宗教传统和系统没有得以维持和延续，原有遗址有些也渐渐荒废，这也是今天黄山人文景观远远少于自然景观的重要原因。

总之，古代交通的不便，致使很多向往黄山却未能到达的人通过不同版本的黄山图、黄山诗文来想象和了解黄山。当时的黄山很大程度存在于人们的想象与向往之中，因而充满了奇幻色彩。而近现代交通的便利，旅游服务设施的发达，使得游访黄山非常容易，人们脑海中虚幻的黄山变成了现实的黄山，加之照相艺术的发明更使得想象中的黄山进一步地写实，从而进一步拉近了黄山与大众旅游之间的距离。

5. 景点和观景点及遗存状态

将今天黄山的景点、观景点、知名景点与古代黄山图、黄山诗、黄山游记中的景点、观景点、知名景点以及观景位置进行对比，通过对比得出值得传承的审美价值，进而为今天保护管理建立范式。经初步比较，不同朝代的黄山诗中，从唐至清，三十六峰、汤泉、天都峰是历朝历代都被提及且较为频繁的，散花坞、莲花峰仅次于前三者，朱砂泉、石笋矼、炼丹台、石床峰、卧龙松、蒲团松、梦笔生花、钵盂峰、汪生草

① 明末清初的黄山，区位因素和不太便利的水陆交通，被潘之恒称为“或谓是山非车辐辏之郊，故士大夫罕游赏”，见于潘之恒《黄海》。

堂、文殊院再次之。从不同朝代不同版本的黄山图可知，最受欢迎的游赏景点是：天都峰、汤池、莲花峰、文殊院、炼丹台、西海、云门、鸣琴泉、白龙潭。总体上看，近现代黄山景点和观景点的数量大为增加，但质量却没有得到相应的提升。

基于上述景观游赏类型及游览路线的古今对比分析，对比分析一些主要景点的古今差异，并举例具体阐释其遗产在游览方式和景点用途方面的变化，如表 5-5 所示。所列举的景点或观景点覆盖了不同的景观类型，以及同一景观类型中的不同种类，如人文景观类型有寺院、庵、亭、台，水景观类型有池、潭、瀑，山景观类型有峰、谷、矼、岭。通过比较研究，依据景点废存、有无再造景观以及保护状况三个方面将古今对比结果归纳为以下 7 种状态：

(1) 历史景观消失，无再造景观。

(2) 历史景观消失，再造景观风貌及保护状况欠佳。

(3) 历史景观消失，再造景观风貌良好。

(4) 历史景观遗存，保护状况欠佳。

(5) 历史景观物质空间变化不大，几乎得以延续和保存，如建筑结构、建筑与环境的关系、观景点等基本保持原貌，但游览方式、受重视程度、用途等改变。

(6) 无历史景观，后新增景观，风貌及保护状况较差。

(7) 人们观念改变，产生新的景观。

表 5-5　黄山不同景观类型的景点古今对比举例

景观类型	景点	差异模式编号	意的变化（文化）	术的变化（游览方式）	用的变化（景点的用途）
人文景观	文殊院（今玉屏楼）	B-1	宗教场所变为休闲度假	—	从宗教信奉场所转化为宾馆住宿
	狮子林	F	山水审美变为休闲度假	—	从风景游赏场所转化的
	钓桥庵	E-1	基本保持	到访率低	基本保持不变
	光明顶	B-1	山水审美变为科学观测	—	宗教信仰场所转化为气象站，具有一定的科学监测作用
	散花庵	B-2	山水审美变为休闲度假	—	文人山居经营风景游赏的圣地转化为大型宾馆住宿接待
	皮蓬（云舫）	A-1	文人文化消失	消失	
	半月亭	C	—	—	

（续表）

景观类型	景点	差异模式编号	意的变化（文化）	术的变化（游览方式）	用的变化（景点的用途）
山景	云门峰	A-2	—		
	西海大峡谷	D-1	新增观光旅游	游览方式从无到有	新增栈道
水景	汤泉	B-2	基本保持	到访率低	
	鸣弦泉	E-3	基本保持		在到访率较低的情况下，栈道、观景点
	白龙潭	D-2	基本保持		
	五龙潭	D-3	基本保持		
生景	迎送松	G	地方文化变为国家文化		与古代迎送松的用途不同

注：同一类型的景点或观景点，顺序按照1～10顺序排列；A～E表示观景点变化差异的类型。

以下对重点景点或观景点古今变化进行阐释。

B-1——文殊院，它属于上述分类中的B类，即历史景观消失，再造景观风貌及保护状况欠佳。

文殊院是古代黄山游览的重要景点，位于天都、莲花峰两峰之间，始建于1613年，后多次修葺。1952年彻底毁于大火，1955年在其旧址上新建玉屏楼宾馆。古语有“不到文殊院，不见黄山面”的说法，可见文殊院在黄山风景游赏中有重要地位。文殊院之重要不仅因其宗教文化，更因为它所在的位置是欣赏黄山前海的绝佳观景点。闵麟嗣、梅清、徐霞客、石涛、戴本孝等都在图文中对文殊院及其观景效果进行了阐释。从不同版本的黄山图中，也可得见古代文殊院的建筑与景观格局，观景点、观景平台等的和谐关系。在梅清的黄山图中，文殊院辽阔雄伟，尤其是观景平台显得非常宽阔(图5-11)。虽然画家在画面处理上对各元素甚至是空间体积有所夸张，但总体上还比较接近于真实的空间。梅清在文殊院的题跋道：“文殊院乃黄山中央土地，右天都、左莲花，三十六峰四面罗拜其下，须臾铺海是奇观。”在徐霞客认为文殊院是：“风景绝佳，左天都，右莲花，背倚玉屏，四顾奇峰错列，众壑纵横，附近又有迎客松、蓬莱三岛等胜迹。”

在戴本孝的黄山图中，虽然没有观铺海的气势，但建筑与环境的整体关系与梅清所绘的黄山图接近，依然肯定了文殊院可以纵眼观诸峰的开阔特点。

在钱谦益的游记中，文殊院“天都东拱，若幡幢之建立；莲花右翊，若瓣花之披敷”，可见文殊院观景面的开阔的景观特征。从各画家所绘的各版本的黄山图中可

图 5-11　古文殊院与今玉屏楼对比

注：左上为梅清黄山图《文殊院》一开，左下为戴本孝黄山图《文殊院》一开，中上为渐江黄山图《文殊院》一开，中下为黄山图经《文殊院》，右一列为今天黄山玉屏楼宾馆建筑现状。

见建筑与景观的关系和谐，并且这种特征及和谐的关系从宋代的《黄山图经》一直延续至明末清初，可见人们对于文殊院建筑与环境的关系认可度极高，也在历朝历代保持和延续这种价值观。

将今天玉屏楼（文殊院旧址）前的观景点与黄山游记及黄山图中文殊院进行对比，发现今天玉屏楼建筑体量巨大，使得观赏平台面积较之于黄山图中所绘缩小，建筑与平台的面积比例失衡，在一定程度上影响了观景的开阔度，因而破坏了建筑与风景之间的和谐关系，也直接影响了在文殊院观景平台观景效果和在其余观景点上看文殊院与莲花峰和天都峰的效果。

A-1——皮蓬，它属于上述分类中的 A 类，即历史景观消失，无再造景观。

皮蓬又名云舫，是清人汪辉为画僧雪庄（释传悟）修建的居所。雪庄在黄海云舫图以及题跋中描绘了云舫的状况①。云舫建筑形式似船，常被云海包围，像航行在海中的小船，故得名。在雪庄所绘的诸多黄山图中，命名了所居住云舫周边的山峰，为黄山三十六小峰的开发提供了重要的依据。而正因为雪庄的山居经营，使得

① “云舫皆因屋似船，晴浮银浪景无边。秋林不减春花色，游览人多住世仙。”

皮蓬成为当时与文殊院齐名的景点，雪庄及其居所云舫对黄山有重要的意义，如图 5-12 所示。从雪庄绘制和描述的云舫史料看，云舫是观察黄山风云变化、植物动物的理想场所。云舫的选址及周边亭子的选址，也充分体现了雪庄的审美倾向以及观察的视角，雪庄及其云舫的营构充分印证了古人归隐山林、返归自然的情怀。

但云舫在历史上就已经消失。在今天的保护管理中，应对已经消失的文化遗产持有谨慎的研究及挖掘态度，根据所挖掘的历史信息，对其进行必要的解说教育和展示。如要恢复历史原貌，应当谨慎处之。

图 5-12　左：雪庄绘《黄海云舫》局部　　右：雪庄绘《云舫之右数峰》局部

再如 G ——迎送松，属于人们观念改变下产生了新的景观。迎送松最早见于许楚的《黄山游记》，位于老人峰至天都峰之间。“有二壁块然中段，广可十步，下瞰不测，名曰天险。有二松交抄度之，过者狂舞，但存余幸”。“交抄二松”就是迎送松。程宏志在《黄山志定本》记载迎送松在小心坡，根缘石碑，不粘寸土，枝叶交接，与游人肃对有若揖让者。古“迎送松”的位置在天都峰趾到文殊院道中。

胡一民(1990)通过对史料的梳理，提出古迎送松的相对位置是在云巢洞之上到蒲团石之下的几十米的途中。明朝许宁《黄山纪游》中指出：迎送松处于小心坡的中间险要处，一松距外，一松向内，有若迎送，后来由于加了石栏，小心坡变成了“放心坡”。由此可以推出古代的迎客松和送客松是在蒲团石下方的两棵松树，与今天的迎送松并不在同一位置。古代的迎送松一株向东一株向西，两树斜卧磴道两侧，枝叶挽手连臂，树冠互摩相吻。正好位于蹬道的险要之处，招引游人抚摸赏玩，其姿态亲切可掬，如图 5-13 所示。人们命名迎送松，也是为了展示当时的黄山作为地域性的风景对八方友人的欢迎。据记载，迎送松都病死于清代。而今天的迎送松，是民国时期文人、画家根据自己的喜好和对古松的怀念和凭吊而重新命名的。

1949 年后特别是改革开放后，迎客松被赋予了前所未有的历史地位。因其舒展的姿态成为国家形象的代言，向世界人民展示中国人民的热情好客与开放。而迎客松的形象也成为特殊的国家符号，进入了人民大会堂。

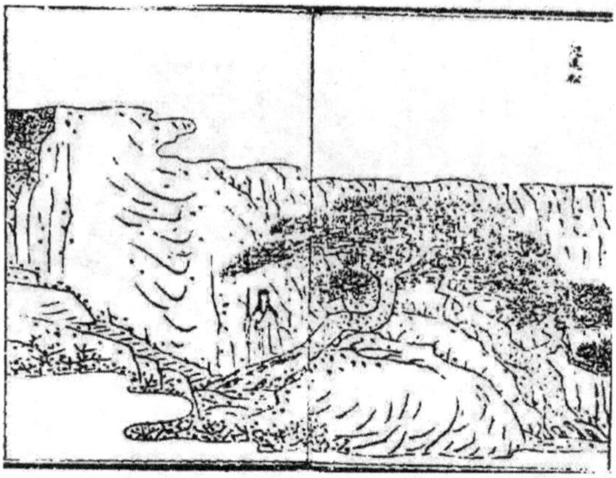

左上：雪庄所绘《黄山志定本》插图《迎送松》一开

右上：黄山迎客松

右下：黄山送客松

图 5-13　黄山迎客松送客松古今对比

6. 黄山审美的总体特征

历史上，多数人认为黄山的特点是“奇”和“丽”。华山三峰确而少理；华山之石“动横长亩，多如覆敦”；而黄山诸峰，“纤皴巧斫；无尽藏石，竖立横蹲，备诸幻肖”。从植被特征看，华山之松，仅六七虬柯，凌霜上古；黄山之松，无尽藏石，竖立横蹲，备诸幻肖。从景观体验上看，华山雄大，行其巅，目荡胸开，饱顾四周；黄山憐心醉魄，在在引人；日月游行出其下，三岛十洲集其前。

第三节　当代不同主体对黄山审美的认知

文中选取了国际组织专家吉姆·桑塞尔(Jim Theorsell)，著名当代美学家王朝闻、季羡林、丰子恺等，普通大众游客、社区居民、管理者，如黄山风景名胜区管理委员会、清华大学规划团队、NGOs 等不同主体，通过访谈、文献分析的方法，梳理了黄山当代审美。依据审美的层次性识别不同阶段所产生的审美价值，以下逐一探讨国际组织、专家学者、管理者和普通游客 4 类主体所识别的审美价值。

一、世界遗产组织的审美价值识别

世界遗产组织对黄山审美的评价为：黄山为“中国最美的山”，自唐代(公元 8 世纪)起就在中国艺术史和文学上扮演重要的角色，据公元 747 年传说记载，黄山是发现长生不老之药得以永生的圣地。该传说让黄山由此得名并确立了在中国历史中的地位。黄山深深吸引了隐士、诗人和山水画家，以其由诸花岗岩峰林构成多戏剧性的山岳景观著称，一些山峰超过 1 000 米高，若隐若现于云海之中。在 16 世纪的明朝，这些景观和许多奇形怪状石头，古老而粗糙的树木，激发了山水画派(黄山画派)创作的灵感，奠定了东方景观在世界艺术和想象中的基本表达(WHC，2012)。与黄山审美价值相关的评价涉及标准 ii、标准 vii。标准 ii 为黄山在元朝时期，建设了 64 座庙宇，自明朝普门和尚开山后，描绘黄山成为中国山水画家喜欢的主题，建立了具有影响力的黄山山水画派，展示了人与自然的交融并激励了一代又一代的艺术家和作家。与自然审美直接相关是标准 vii，黄山以其壮丽的自然风光而闻名，大规模的花岗岩巨石和古老的松树在云雾的作用下更显壮美。这种戏剧化的景观包括了由复杂的地质历史而形成的天然石柱、形状奇特的岩石、瀑布、山洞、湖水和温泉。遗产地以众多峰林为特征，其中 77 座垂直高度超过 1 000 米，其中最高峰莲花峰，海拔高度达到 1 864 米①。

从世界遗产角度看，黄山被认可的审美价值一是与黄山画派有关，二是其壮丽的自然风光，审美价值的载体是巨石、古松、云雾、复杂的地质、77 座山峰、瀑布、山洞、湖水和温泉，这些要素在云雾的作用下显得壮美，景观所呈现出的是戏剧化的、奇特的美。

黄山 1998 年的保护状况陈述为：黄山游客旅游与游客的管理非常紧急。在保

① Criterion (vii): Mount Huangshan is renowned for its magnificent natural scenery which includes massive granitic boulders and ancient pine trees which are often further enhanced by cloud and mist effects. This dramatic landscape includes formations of natural stone pillars, grotesquely-shaped rocks, waterfalls, caves, lakes and hot springs, formed by its complex geological history. The property features numerous imposing peaks, 77 of which exceed an altitude of 1,000 m, with the highest, the famous Lianhua Peak (Lotus Flower Peak), reaching up to 1,864 m.(UNESCO)

护管理规划中实行了的单行旅游(one-way)来缓解山峰及周围的游客拥堵。不允许在黄山上建设更多的宾馆设施。继续防止松材线虫病①。

二、美学专家的审美价值识别

王朝闻是著名的美学家,是当代黄山审美研究的重要人物。他在《黄山观石》一文中认为,黄山之美美在松、石、云,美在云海,云使朝阳景观形成无限复杂的变化。他认为云起时的那种愉快的心情是难以描述的。在他的审美散文中,提到了清凉台、玉屏楼。他认为黄山的美在于整体的美,这种美是奇石这一种要素所不能替代的。他呼吁游人关心黄山整体的美,如果过分地命名奇石,使人们的注意力都集中在黄山的奇石上,人们就不会关心黄山的整体美感。也呼吁人们能够用自己的眼睛和切身体会去观察黄山,而不要拘泥在这些石头的图像和命名上。此外,他在文中还论述了审美心理引导和审美解说教育形式的问题。他认为,期待的心理在美感中有重要的作用。例如,东方的云雾是怎样给日出增加变幻的感觉。猴子观海实则为人与自然的关系,是人们把对云海的兴趣寄托在了形似猴子的石头上。游览黄山的愉悦在于对自己体力的证明。应正确理解和感悟导游和旅游者在共同进行审美创造过程中的关系和作用。旅游者在边聆听、边欣赏、边想象的过程中,绝不会对导游所描述形象简单地接受和原封不动地复制。他也批判了黄山管理者的一些保护措施,比如为了保护黑虎松,在黑虎松周围砌起了高大的石壁。但是从山下往山上看,往往造成黑虎松的被砍掉一截的错觉。

汪芜生作为著名的摄影家,黄山给予他的不仅仅是摄影艺术的成像,而是一种震撼与释怀,让他的心胸无比的宽广,让累积在心中的忧愁和痛苦烟消云散。他认为,他在黄山找到了艺术的本源和生活的意义所在。

季羡林先生在《登黄山记》中记录了自己登黄山的全过程,在游记中不乏对黄

---

① The IUCN-Centre site mission in September 1998 found Mt. Huangshan's management of visitors and tourism development to be exemplary. However, the mission team urged the management to consider implementing a "one-way" walking route for visitors moving across and around peaks in order to further minimize congestion. Even if site management proceeds with its plan to develop a long distance path to the Nine Dragon Peaks to alleviate pressure on the more popular scenic spots, it should not permit the development of any new hotels in the vicinity of those Peaks. The natural heritage values of this site are receiving increasing attention and the team welcomed the management´s interest to promote research on biodiversity of the area and to communicate the findings to visitors. The State Party needs to be encouraged to support the management's concern to combat the pine-wilt disease that appears to be infesting the legendary Huangshan pines.

山美的评价。季羡林笔下的黄山格调宛转，名不虚传，从玉屏楼到北海，经历了起承转合的节奏。而他认为黄山最美的景色在北海，到达北海是看尽了黄山之奇，北海的奇景是黄山的集大成者。他认为黄山“既有阳刚之美，又有阴柔之美。可谓刚柔兼，二难并，求诸天下名山”。他在游记中对奇松、怪石、云海、温泉进行了总结，并对奇松之奇，奇在树龄与形态的反差，怪石之怪在于名目繁多，组合多变进行了阐释。而他认为黄山的日出也应该是一大奇观。在黄山居住，会有很多新发现，如声景的优美，从黑虎松向着云谷寺走的一段路，这段路上“流水潺潺、山风习习、蝉声相送，鸟鸣应合、苍松翠竹、映带左右”，这一声音景观的描绘，证明了黄山声景的秀美。在整个登山过程中，季先生是这样描绘自己的状态：“我就是这样一边爬、一边看、一边改着古人的诗、一遍想到徐霞客，手、脚、眼、耳、心，无不在紧张的活动着……想到大涤子的山水画，眼前的山水如同画立于眼前。”这段文字中可知，对黄山美的体验不仅仅要身体力行，手、脚、眼、耳、心地去体验，也要具备足够的审美品鉴能力，要有鉴赏山水诗文的储备。

吴冠中先生在《且说黄山》中用中西结合的绘画语言阐释了黄山的美。认为“黄山的美在于形象组合、几何形之间的组织美。方与尖、疏与密、横与直之间的对比和谐”。黄山的美在乎于“似与不似”之间。吴冠中先生以排云亭为例，论述了西海大峡谷犬牙交错所带来的美，而这些美又反映在线条上。

黄秋耘在《黄山秋行》中对黄山的总体评价为“兼有泰山的魄伟，武夷的秀逸、华山的险峻、匡庐的飞瀑腾空、衡岳的层烟叠翠、雁荡的丛石嶙峋”，真可谓是集名山之大成。看真实的云海变化，都比看云海摄影的照片要新鲜。

三、规划管理者的审美价值识别

在黄山官方网站中指出奇松、怪石、云海、温泉、冬雪是黄山的“五绝”，“莲花”“光明顶”“天都”三大主峰是官方认为最为知名的三大山峰。官方认为黄山最深邃、最秀丽的景观是在西海大峡谷。

《黄山风景名胜区总体规划》是规划者对审美价值的识别，规划中按照资源分类识别的方法将景源分类，并分类评价了其敏感度，分为极敏感、很敏感和较敏感三类，此部分评价以资源本底价值为基础，对应名山风景区审美价值识别框架中的审美价值环境载体的识别。

在保护培育规划中，从生物资源保护与管理、珍稀濒危物种群保护管理、自然音景、光景、化学信息及气味、视觉景观保护管理、文化资源等方面，覆盖了审美价值的环境载体及部分体验载体。

环境载体重要性评价依据1998年编的《黄山志》,一共收集了82名峰。涵盖了《世界遗产规划文本》中列入的77峰,77峰中包括了清闵麟嗣编纂的《黄山志定本》中所指的36大峰和民国的《黄山指南》中的36小峰。此外,也包含了怪石、岩、台、峰林、矼、洞、源、瀑、溪、潭、池、古树等,和黄山怪石200处。

上述识别基本覆盖了古代典籍中的重要景观资源点,但仍然缺乏对以审美价值为中心的,对审美价值体验、情感及精神载体的识别。在自然视觉景观保护一条,针对不同类型的景观资源识别了威胁因素,在保护措施中,提出了对视觉走廊、观景线、构筑与环境协调问题、旅游建设不能影响视觉走廊和环境等问题提出了要求。这些保护措施或多或少地涉及对体验载体保护对象的保护。但这些识别及保护措施,仅仅只针对一类景观资源,对于不同类型景观资源之间的关系并没有提及,因而也缺乏针对这种组合关系的保护措施。不同类型的景观组合一般都是在观景点上所见的视像,因此,本书根据古今典籍中所记载的观景点,分析观景点上所见不同的景象类型,以景观类型组合的特点,在风景欣赏过程中的主客体关系,形成审美的条件。进而根据所识别的观景点及其景观要素及其特征,来制订相应的保护措施。

对于视觉景观,除了前文所提到对于资源点的统计和保护外,还应该重视场景、视域、观景序列等载体。根据相关文献分析,本书认为黄山现有较好观景点存在于亭、台、某些建筑观景平台、峰顶等位置,这些观景点有些是古代遗存,在古代有所记载而现已不存在,有些保留至今。据黄山官方统计,现遗存的道观有:浮丘观、九龙观、城山观、升真观、仙坛观、仙都观、轩辕宫、浮丘坛,这些都与黄山的道教密切相关。

对于这些观景点、观景平台,除了保护其位置、状态不变,还应根据具体观景点上所见场景的特征来制订保护措施。对于已经消失的观景点,建议在古代文献考证的情况下,对其进行适度的恢复和展示。

此外,划定安静区域及特殊的审美体验区域(表5-6),包括有水声的溪流,有鸟鸣的山谷、花香的环境等,具有肃穆、庄严宗教氛围的环境,对这些区域应严格地控制噪声。基于黄山实地调研和古文献研究,划定黄山噪音控制区域为:白龙潭—汤寺—鸣弦泉、五龙潭水景区、西海大峡谷循环道。划定特殊审美体验区为:白龙潭—汤寺—鸣弦泉、五龙潭水景区、桃花溪景区,在这两区体验黄山的水景、水声之美。在西海大峡谷循环道,体验西海大峡谷山景幽奥之美。在散花坞区域体验黄山嗅觉之美,在炼丹台山顶区体验黄山月夜空沓之美,对于所划定的特殊审美体验区,除了控制噪音外,还应注重对环境氛围的保护。

表 5-6　黄山体验载体之游赏序列和区域评价

区域和游线名称	位置	景象类型	景象特征
白龙潭—汤寺—鸣弦泉	—	水景观	如同宾客至而丝竹喧，水声伴随游进路线
五龙潭水景区	五龙潭位于翡翠池不远的松谷溪中，属于松谷景区	水景观	五个潭声响各殊，不可名状
桃花溪景区	黄山桃花源	水景观、花香	—
散花坞区域	位于北海景区	鸟鸣、花香	—
炼丹台山顶区	在光明顶之月塔（原有古迹），月出照之为光明界	月夜	月黑风高，天高云淡，笛声空明，氛围格外静谧
西海大峡谷循环道	西海大峡谷	山景、声音	—

四、大众游客的审美价值识别

本书以“黄山游记”为关键词在网络上进行搜索，选取了近 10 篇黄山网络游记进行分析[①]。通过研究分析认为，从游览路线看，大众游客喜爱的路线为前山慈光阁至光明顶，西海大峡谷步行索道，其余几条游线相对没有那么热门。从众多网友游记的推荐路线看，西海大峡谷的步行道一环、二环是大家喜爱并最为推荐的游线。多数游记描绘的景观类型为山景、天景、生景，奇峰怪石、云海日出、黄山奇松是大众游记中最喜闻乐见的题材。对于黄山水景的描写相对较少，与游客到访频率成正相关性。

从游赏方式看，绝大多数的游览者都坐索道上山，但同时又抱怨索道速度太快，大大缩短了登山时间，降低了登山体验。从山脚到白鹅岭不费吹灰之力，让很多游客对未能观看沿途风景而大为遗憾。游记中黄山的总体特征是俊秀、奇美、虚实奇幻、神秘玄妙、动态、变幻莫测、耐读、耐看。一语文老师以李白的“白云生处有人家”为例，理解了“生”字运用的巧妙，正如所见的西海大峡谷涌动的云海一般。

① 搜索网站为谷歌、百度网站，豆瓣、天涯、知乎、新浪等网站。

第四节 黄山审美价值总体陈述及保护管理

基于本书构建的名山风景区审美价值体系所识别的黄山审美价值，将从主体差异性和历时性两个维度阐释审美价值。综合上述主体差异性和历时性审美价值识别结果，以审美层次性为纲，总体描述黄山的审美价值如下。

首先，依据全国名山风景区比较研究框架所识别的黄山的美为：黄山享有“黄山归来不看岳”的美称，自古以来，黄山就被冠以“奇”“秀”两种特征。黄山之秀区别于峨眉山之秀，秀中有险；但其险又不同于华山，险中有变，险中有秀。黄山虽有令人心怖的险境，但比起自古华山一条路，黄山却是秀、散、丽。其丰富性、多变性隐藏在了竖立横蹲的无尽藏石中。自明末清初起至今，黄山之“奇”逐渐被强化，直至成为黄山的主要特征。

其次，黄山的美是由大规模的花岗岩和古老奇特的松树、云雾的作用、形状奇特的岩石、77 座垂直高度超过 1 000 米的山峰、池潭、瀑布、山洞、湖水以及温泉和 64 座庙宇构成的(此为“物象”阶段识别的审美价值，同世界遗产 OUV 描述)。巨石和古老的松树在云雾作用下显得格外壮美，这种美呈现出一种戏剧化(为世界遗产 OUV 描述)。黄山的云雾瞬息万变，因为云雾的壮观与动态，黄山又被称之为“黄海”。黄山的奇松虬枝铁杆，自明清以来就饱受青睐，其形态和生长位置所创造的视觉效果，挑战了人们认知“奇特”的极限。黄山的水在历史上受到高度的重视，低山水景点和景区是文人们喜游的路线，水景观类型丰富，有池、潭、瀑、溪、涧、源等。

黄山的美美在上述各景观类型的组合与通感，云与松、云与霞、松与石、石与水、云与石、松与溪等，这些组合出现在人们游赏黄山的每时每刻。古往今来的文人、侠客在长期游览经验中，选定了风水良好、具有绝佳观景视线的位置建置亭、台、楼、庙共 48 处，称之为场景或观景点。在这些观景点上，或能饱览众峰、或能对景某点、或能观瀑、或能临溪、或观云海与山峰涌动，或能享幽奥静谧、或只手接天、或闻梅香鸟鸣数里，这些观景点以及观景点上所见的视像是黄山美的载体，而这些美大多美在视觉。黄山的美还美在听觉，在钱谦益的游记中，汤泉至鸣弦泉一线的水声诸多幻肖，“犹如宾客至而丝竹暄”。五龙潭水声各异“状如大釜、绝不可即、声若雷轰”。黄山的美还美在雪夜溪水作响和“乡村塞社会”。除了听觉之美，黄山的美还美在花香鸟鸣的散花坞，美在寂静空沓的月夜光明顶。

黄山的美是通感的美，美在五感的触发和相互增益中。比如汤池的热气郁然，水泡汩汩起，气本香冽。气味、声音和触感更加激发了人们对汤泉美的体验。

不仅如此，黄山的美还美在游览序列和起承转合，当您切身体验时，黄山如同一张卷轴绘画，在你眼前徐徐展开，从玉屏到北海是起承转合案例之一。山中登道的选择与景观的开合形成良好关系。黄山中一些游线具有特殊的审美体验，比如汤泉至鸣弦泉一线的水声各异，西海大峡谷的静谧幽奥。许多古代所建的游线，基本都有起承转合步移景异的游赏体验（此为“始境”阶段识别的审美价值）。

黄山的美离不开千百年流传的山水诗画，黄山的美不仅体现在古往今来的山水诗文绘画中，更体现在似与不似之间，体现在超越形象的情感与想象。当你欣赏黄山眼前之景时，或许脑中能浮现出梅清、石涛的绘画，耳边响起雪庄的诗句。黄山的美离不开“仙山”的宗教意涵，诞生于唐代的道教，使黄山与黄帝和仙境有了天然的联系。从唐至元的黄山诗中，随处可见白鹿、青牛这样的道教灵物，诗人们经常设置巧遇“浮仙翁”的场景。黄山的美美在遁世山林与家国情怀，它既是石涛的精神家园，也渗露着戴本孝的孤寂（此为“又境”阶段识别的审美价值）。

黄山的美更是精神的释放，是一种超越现世的永恒。当代著名摄影家汪芜生登上黄山后，对人生有了新的体悟，那一刹那他认识到了宇宙的无穷和人间争斗的可悲可笑（此为“终境”阶段所识别的审美价值）。

黄山美只有通过与山接触的亲自体验，“饱游饫看”才能领悟。季羡林先生在登黄山时，“一边吟诵和默念古人的诗词，一边修改古人的诗，在游赏的过程中，手、脚、眼、耳、心交互作用，无不在紧张地活动着，眼前还不时地浮现出了大涤子的诗画”（季羡林，1979）。登黄山，如果没有这种切身体验，则不会产生五感上与黄山的共鸣，如果没有这种亲自游历的时间积累，就不会产生情感和精神的涌现（基于审美关系载体对应的价值识别）。

对比黄山世界遗产 OUV 陈述可知，基于名山风景区审美价值识别框架的审美价值陈述，物象阶段审美价值的陈述与世界遗产 OUV 基本吻合，涉及构成审美价值的山峰、云海、怪石、树木、瀑布、山洞、湖水和温泉等要素，大规模的花岗岩巨石和古老的松树，在云雾的作用下更显壮美。除此之外，新的价值识别还有体验载体的 48 处场景所体现出的景象组合、游览序列和通感所产生的美。情感载体对应的黄山诗画带给人们的美感和想象价值，以及精神载体带给人们的精神释放和超脱，关系载体对应的游赏体验和原则。后三个层次的价值是现有 OUV 陈述所不具备的。

一、依据价值识别确立黄山审美价值保护对象

黄山风景名胜区审美价值保护对象依据审美主体差异性和历时性两方面所识

别的价值而制定。

对于所识别的主体差异性审美价值，应依据价值识别的层次建立不同的保护对象。保护对象的建立从宏观的面状流域、保护区到微观的观景点和单个资源点，从有实在物质空间的保护区、点、线、面空间载体，到没有实在物质空间的人的观念思想、环境氛围、声音、气味、欣赏模式等。本书分别对这些载体对应的保护对象识别影响因素和敏感度，进而制订相应的保护措施。

对于所识别的历时性审美价值，应依据历时性本身的识别结果和古今对建立值得传承的审美价值，进而建立保护对象，如表 5-7 所示。

表 5-7　黄山共时性历时性审美保护对象及展示对象

<table>
<tr><th colspan="3">审美价值、审美结果及所对应载体</th><th colspan="3" rowspan="2">审美价值的保护对象</th><th rowspan="2">解说教育与审美引导</th></tr>
<tr><th></th><th>审美价值的层次</th><th>对应载体</th></tr>
<tr><td rowspan="9">主体差异性审美价值</td><td rowspan="2">物质实体</td><td rowspan="2">A 环境载体</td><td rowspan="2">点、面</td><td>与审美价值相关的自然和人文资源点</td><td rowspan="6">保护对象由小到大
保护对象由实到虚
↓</td><td rowspan="2">自然解说</td></tr>
<tr><td>流域、保护区等</td></tr>
<tr><td rowspan="4">审美感知与成像</td><td rowspan="4">B 体验载体</td><td>点</td><td>观景点</td><td rowspan="3">观景点上的赏景方式、要点；五感体验</td></tr>
<tr><td>线</td><td>游线及视域游览序列、视觉轴线、视廊</td></tr>
<tr><td>面</td><td>场景视像，分为宏观、中观、微观；
安静区域；声景、光景、气味；
景群
要素间的关系</td></tr>
<tr><td colspan="2" rowspan="3">氛围、主体观念、思想</td><td>儒学、心学、思想、传统山水审美思想与文人情节</td></tr>
<tr><td rowspan="2">审美思想与意境</td><td rowspan="2">C 情感载体
精神载体</td><td rowspan="3">—</td><td>西方思想</td></tr>
<tr><td>休闲度假思想</td></tr>
<tr><td>审美发生条件及作用关系</td><td>D 关系载体</td><td colspan="2">审美产生的条件、审美主客体作用模式、审美模式</td><td>审美方式</td></tr>
</table>

（续表）

<table>
<tr><th colspan="3">审美价值、审美结果及所对应载体</th><th colspan="2" rowspan="2">审美价值的保护对象</th><th rowspan="2">解说教育与审美引导</th></tr>
<tr><th></th><th>审美价值的层次</th><th>对应载体</th></tr>
<tr><td rowspan="2">历时性审美价值</td><td>尚且存在的历时性审美价值</td><td>同主体差异性价值</td><td>与主体差异性审美价值的保护对象重叠</td><td>—</td><td rowspan="2">解说教育与展示</td></tr>
<tr><td>已经消失的历时性审美价值</td><td>—</td><td>有形和无形的价值及所对应的载体</td><td>—</td></tr>
</table>

因此，依据上文不同利益相关方所识别的审美价值，和审美价值主体差异性、历时性以及层次性结果所识别出的黄山审美价值保护对象依次为：

物象阶段所对应的审美载体为环境载体，因而保护对象为各类点状和面状的资源。环境载体包括怪石、岩、台、峰林、矼、洞、源、瀑、溪、潭、池、古树等。

始境阶段对应的体验载体，包括点状的观景点，如表 5-7 所示；线状的游线及视域游览序列，视觉轴线、观景视廊；面状的场景视像（分为宏观、中观、微观）如表 5-7 所示；声景、光景、气味、景群。

又境阶段情感载体所对应主体欣赏情感和气氛、安静区域；终境阶段精神载体所对应的审美思想和文化底蕴。其中，物质的保护对象为物象阶段和始境阶段所对应的各类资源点和资源面，非物质的保护对象为又境阶段对应的气氛、安静区域，以及终境阶段对应的审美思想和文化底蕴，而这些又是主体所拥有的要素，因此，保护对象为审美主体。关系载体所对应的保护对象为主客体审美的关系、主体的品藻、客体要素间的关系。

二、黄山审美价值影响因素识别

对不同的保护对象，识别自然条件变化（气候变化）、设施建设、旅游利用、外来文化等方面的影响因素，并评价保护对象敏感度。

对环境载体对应的审美价值，主要影响因素来源于自然条件的变化、设施建设等。气候变化带来的黄山植被的变化，黄山松死亡的加剧，导致经典景观的消失，如梦笔生花笔峰上的饶龙松的死亡。地表、地下水位变化带来的溪水、瀑布流量的减少，将会降低黄山水景的壮丽程度。大气污染、气象条件的变化导致观看日出的几率减小，云海出现的次数减弱。其次，威胁源于设施建设，相关项目有西海大峡谷地轨缆车将对生物廊道、栖息地产生的影响，对视觉景观造成严重的破坏，对视景、声景的游赏体验造成严重的破坏。

对于体验载体对应的审美价值，除了在上述环境载体影响因素识别的基础上，还应增加对于场景、游线、游览体验等影响因素的识别。根据第五章中规划管理者所识别的审美观景点，列出因气候变化、设施建设、旅游利用对观景点造成的影响。对于情感载体、精神载体、关系载体所对应的审美价值，应识别外来文化、时代变迁、主体价值观的转变。

结　语

基于传统山水审美的名山风景区审美价值识别与保护研究，既是解决我国名山风景区审美价值保护管理问题的内在需求，也是弥补国际组织在遗产地审美评价中长期缺乏中国视角的外在需求。我国传统的山水美学传承千年，根植于传统哲学，与西方风景审美比较既有共通性，又有独特性。

本书基于对名山风景区保护现状梳理和文献分析，认为我国现有名山风景区审美价值识别与保护尚且存在多方面的问题。本书基于问题，着眼于如何更好地保护与传承我国千百年来的名山审美价值，重点在于如何识别与传承传统审美价值，如何通过现代的保护手段使审美价值得以保护，希望通过研究弥补我国名山风景区在审美价值识别理论方面的不足，为审美价值保护管理提供理论与实践依据。

本书分析了大量文献资料，对世界遗产、世界各国及我国的审美价值识别与保护的借鉴经验进行了有针对性的总结，提炼出值得我国审美价值识别借鉴的评价步骤、评价指标和敏感度评价方法等。进而结合实地走访，案例调查和规划考察，在理论和实践两方面对名山风景区的审美价值识别与保护进行了论述，主要结论有以下几个方面。

本书通过文论、画论的分析得出基于中国传统哲学、文学、美学的山水审美具有如下四个特征：

(1) 审美过程中主体性强。在审美中，主体需要有良好的价值观和价值标准才能进行山水审美，宗炳的“澄怀说”，梁启超的“趣味说”，王国维的“有我之境”与“无我之境”，绘画理论中宗炳的“畅神论”、石涛的“法与化”都强调了主体要通过自我修炼和教化获得良好的品藻，在山水审美中超越自我，才能获得审美的意境。

(2) “融情于景”的主客体作用关系。老子的“涤除玄鉴”、庄子的“心斋”“坐忘”，张璪的“外师造化、中得心源”，都强调忘却主客体的界限，完全融入自然中去审美的作用关系。

(3) “以小观大”的欣赏方式。通过对我国古代审美理论的综述，本书认为我国在古代就已经形成风景欣赏的对象模式、环境模式、唤醒模式、沉浸模式 4 种模式，早已超越了西方如绘式的静观模式。形成于古代的“前后三远理论”“游观性”“饱游饫看”都强调在山水中五感全发地进行切身体验，并在欣赏后对山水美的整体涌现。

(4)“虚实相生”的审美结果。由于审美主体性和“融情于景”的审美作用机制，所产生的结果必然具有虚实相生的特点。中国审美的发展历经了从“象”到“境”的发展阶段。王昌龄在《诗格》中阐述了“物境、情境和意境”，谢赫的“取之象外”，刘勰的“意象说”等都证明了依据审美不同的层次，产生出“实象”“虚象”“想象”的虚实相生的审美结果。

第二个方面，本书逐一阐释了我国传统山水审美中的各要素，所阐释的要素有：道、德、理、术、用、制、象、形、意、心、性、情、思、神、气、悟、境等，其中“境”是本书阐释的关键。本书阐述了这些要素在审美作用中的内涵，出现于审美作用的阶段以及各自具有的主体或客体属性。基于对“境”的分析，认为“境”是所有要素中审美外延最广的范畴，涉及主体、客体、主客体关系以及不同层次的审美结果，同时还具有动态性。因此，选择“境”作为构建名山风景区审美价值识别框架的基础，将审美作用的层次分为物象、初境、又境和终境四个阶段。通过对传统山水审美的分析认为，名山风景区审美过程应是：志于道、据于德、依于理、尽其术、知其性、游于艺、动其情、善其思、养其气、顿其悟、得其境（意境）的过程，是从直觉审美走向心觉审美的过程。

审美价值识别框架的构建首先引入价值论中关于主客体及其关系的阐述，形成了审美价值的理解公式为：审美价值＝[审美主体，审美客体（载体及其特征），主客体作用]。在价值认识框架的基础上，本书分析了审美价值主体的社会属性、历史属性、身心属性和地域属性，审美欣赏时的不同层次。继而分析审美价值客体的载体及其特征，审美主客体作用的几种模式。

在传统山水审美特征总结、传统山水审美要素和相互作用关系阐释及审美价值阐释的基础上，构建中国名山风景区审美价值识别框架。在该识别框架中除了包含主客体及相互作用模式要素外，审美价值识别框架还有自身的作用机制及层次性。此外，审美价值识别框架还应该具有主体差异性和历时性两个方面的特点。审美价值识别框架的层次性可分为四个阶段：即物象、始境、又境和终境。在每个阶段参与作用的审美要素不同，因而所得到的审美结果不同。在不同的阶段对应不同的审美价值及其载体，物象阶段对应环境载体，始境阶段对应体验载体，又境阶段对应情感载体和想象载体，终境阶段对应精神载体。

审美的主体差异性价值主要体现在因主体差异、审美认识层次性不同而产生的不同的价值，在识别时考虑审美主体的权重和审美不同层次价值的识别。主体差异性审美价值识别的意义在于能充分考虑审美的主体差异和审美的层次性，形成多元的、层次化、载体清晰的审美结果。

审美的历时性价值主要体现在对审美变迁和选择的识别。在历时性维度下，应宏观和整体地考察审美价值，应识别：①审美结果历史叠加性和选择性。②具有传承价值的存在于古人诗文、绘画创作中的意象、象罔、情感、意境及思想。历时性审美价值识别的意义在于引入了时间和历史维度，综合看待审美在历史上的变化及变化成因，总结值得传承的审美价值，并通过古今比较研究，为今天的审美保护管理建立范式。

从审美结果到审美价值评价，需要通过相应的方法和指标来进行评价。本书基于构建的名山风景区审美价值识别框架和各国经验的借鉴，提出了审美价值识别的三个关键步骤为：

关键步骤 1——主体差异性审美价值识别。

关键步骤 2——历时性审美价值识别。

关键步骤 3——审美价值真实性完整性识别。

本书分别对各关键步骤阐释了识别的方法和相关指标。对于主体差异性审美价值识别，确定主体权重和定性定量识别指标，识别出关键主体的价值。考虑审美的层次性，识别不同层次审美价值及对应的结果为：物象阶段结果为环境载体，始境阶段结果为体验载体，又境和终境阶段结果分别为情感和精神载体。本书分别对这些价值识别建立相应的识别方法和指标。对于共时性审美价值识别中指标设定中西结合，既吸纳了中国传统山水审美的特色，又考虑到规划实施的可操作性。此外，对社区价值，在识别方法和主体参与方面作出了特殊说明。

对于历时性的审美识别以审美之“象”的识别为核心，通过历时性审美价值识别，与今天的审美形成对比，从而为保护管理建立范式。本书通过对诗歌创作理法的研究，建立了诗歌创作理法与风景欣赏要素之间的关系。将诗歌中的“象”和风景欣赏的景点、色彩、声音、形态、空间、风景组合、游赏序列建立联系。与此并列，本书通过图像分析方法，建立起绘画主景、画幅、读图方式、点景人、景象组合、文化意涵功能用途与风景欣赏的类型、景点、路线、游赏方式、山水审美价值观与意识的关系。以世界遗产真实性完整性评价标准为基础，制订了审美价值真实性、完整性评价指标。此外，还要求对审美价值进行总体描述，对总体描述的内容进行了规定。最后，本书在宏观层面，建议建立国家层面审美价值识别比较研究框架及审美区划代表名录：

（1）基于自然资源禀赋划定审美自然地理区域和名山类型及其特征；

（2）基于地域文化特征划定文化地理区域；

（3）二者叠加后产生审美区划和代表名山。

目前，现有基于风景区风景资源识别的保护措施并没有专门针对审美价值展开。导致的问题一是保护措施过于笼统，并没有建立起价值与载体及其特征的关系，使得审美价值载体不清晰，保护没有基于价值识别展开。二是依照现有分级分区的保护方式并不能很好地保护审美价值。基于此问题，依据构建的名山风景区审美价值识别框架，构建基于价值识别的审美价值保护框架，包含3个关键步骤：一是价值识别确定保护对象；二是识别保护对象的影响因素和敏感度；三是制订保护与展示措施并开展监测。

在关键步骤1中，对主体差异性审美在不同阶段所产生的价值，依据其载体转化为保护对象。在关键步骤2中，分别识别不同层次载体对应的保护对象的敏感度、敏感物，进行敏感矩阵判断。最后在关键步骤3中，基于保护对象、真实性完整性评价、影响因素和敏感度评价三者得出保护措施和等级，依据不同层次的审美结果识别制订展示措施和科研监测措施。

本书是在博士论文《中国名山风景区的审美价值识别与保护》基础上的缩减与提炼而成。因著者自身学识与阅历的局限，难以跨越千年，站在足够宏观的历史时间与空间的维度上来论述。但作为一名风景遗产规划与保护的从业人员，在工作中深知遗产价值，特别是孕育中国千年文明的审美价值的认知与传承的使命，深感传承责任之重大。因此，本书实际上是基于有限的从业经验、职业观察并结合博士阶段深入思考与研究后的产物。

希望以此拙作抛砖引玉，得到同行的批评指正，共同进步，为中国遗产保护事业增辉添彩。

参考文献

[1] ACIUCN. Australian Heritage Commission, Australian Natural Heritage Charter, for the Conservation of Places of Natural Heritage Significance, Second Edition [EB/OL]. (2002). https://portals.iucn.org/library/node/7363.

[2] ANOBS. Area of Outstanding Natural Beauty Management Plan A Guide. [EB/OL].(2001). http://www.encyclo.co.uk.

[3] AUSTRALIA ICOMOS. The Burra Charter and Indigenous Cultural Heritage Management [EB/OL]. (2013). http://australia.icomos.org/publications/charters.

[4] BENSON R E, JAMES R U. Visual Impacts Of Forest Management Activities: Findings on Public Preferences[EB/OL]. USDA Forest Service, 1981. https://doi.org/10.5962/bhl.title.69079.

[5] STEVEN C B. Public Welfare and the Economics of Landscape Aesthetics [J]. Landscape and Urban Planning, 1992, 22(1): 31-39.

[6] CARLSON A. On the Possibility of Quantifying Scenic Beauty [J]. Landscape Planning, 1977(4): 131-172.

[7] CHRIS J, ANITA S, JOHN D. Defining the Aesthetic Value of the Great Barrier Reef [R/OL]. (2013 - 02). http://www.environment.gov.au/system/files/resources/7524507e-37a6-4cff-9195-cb5fe19d8f52/files/gbr-aesthetic-values.pdf.

[8] COSTONIS J J. Law and Aesthetics: A Critique and a Reformation of the Dilemmas [J]. Michigan Law Review, 1982, 1: 355-461.

[9] CRAIK K. The Comprehension of the Everyday Physical Environment[J].Journal of AIP, 1968, 1: 29-36.

[10] General Management Plan Dynamic Sourcebook [EB/OL]. (2009). https://

parkplanning.nps.gov/files/GMPSourcebook/GMPSourcebook_Dec2009ver2.2.pdf

[11] Greater Blue Mountains World Heritage Area Strategic Plan [EB/OL]. (2009). http://www. environment. nsw. gov. au/resources/parks/Stategic PlanNPWS.pdf.

[12] Nora Mitchell. Application of Criterion (vii): Considering Superlative Natural Phenomena and Exceptional Natural Beauty Within the World Heritage Convention[R]. Gland, Switzerland, 2013.

[13] JAMES C. Huangshan Painting as Pilgrimage Picture, in Pilgrims and Sacred Sites in China[M]. Berkeley :University of California Press, 1992.

[14] JAMES C. Shadows of Mt. Huang, Chinese Painting and Printing of Anhui School[M]. Berkeley:University Art Museum, 1981.

[15] JAY A. The Experience of Landscape[M]. London: John Wiley, 1975.

[16] JOSEPH P. Mcdermott, the Making of Chinese Mountain: Huangshan[M]. Berkeley: University of California Press, 1992.

[17] KAPLAN S. Perception and Landscape: Conception and Misconception[C]. Incline Village, Nevada,USA ,1979.

[18] Landscape Character Assessment Guideline for England and Scotland. The Countryside Agency. [EB/OL]. (2002). http://www. naturalengland. org.uk.

[19] Luisa De Marco, ICOMOS, Managing World Heritage Properties: the Role Statements of Outstanding Universal Value and Attributes [EB/OL]. (2013). https://www.academia.edu/5431833/Managing_World_Heritage_Properties_the_role_of_Statements_of_Outstanding_Universal_Value_and_attributes.

[20] Department of the Interior-Bureau of Land Management. Manual H-8410-1 Visual Resource Inventory[EB/OL]. (1986). http://www.blm.gov/nstc/VRM/8410.html.

[21] NPS. 2013 Scenic Vista Management Program Work Plan[EB/OL]. (2013). https://www. nps. gov/yose/learn/management/upload/2013-Scenic-Vista-Work-Plan.pdf.

[22] Randall Mason, Theoretical and Practical Argument for Value-Centered Preservation [EB/OL]. (2006). https://www. nps. gov/CRMjournal/

Summer2006/view2.html.
[23] SMARDON R C. Historical Evolution of Visual Resource Management within Three Federal Agencies[J]. Journal of Environmental Management, 1986(22):301-317.
[24] STEINITZ C. Toward a Sustainable Landscape with High Visual Preference and High Ecological Integrity: The Loop Road in Acadia National Park, U.S.A.[J]. Landscape and Urban Planning, 1990(19): 213-250.
[25] STEPHEN M. Qian Qianyi's Reflections on Yellow Mountain: Traces of a Late Ming Hatchet and Chisel[M]. Hong Kong: Hong Kong University Press, 2009.
[26] STILGOE JOHN R. Popular Photography, Scenery Values, and Visual Assessment[J]. Landscape Journal, 1984, 3(2): 111-122.
[27] SWANWICK C. Landscape Character Assessment Guidance. Topic Paper 6: Techniques and Criteria for Judging Capacity and Sensitivity [M]. Edinburgh: Countryside Agency, Cheltenham and Scottish Natural Heritage, 2004: 2-7.
[28] Tetlow R J, Sheppard S R J. Visual Unit Analysis: A Descriptive Approach to Landscape Assessment[M]. Incline Village, Nevada,USA. 1979.
[29] The countryside Agency, Carys Swanwick, Landscape Character Assessment, Guidance for England and Scotland [EB/OL]. (2002). https://www.gov.uk/landscape-and-seascape-character-assessments.
[30] TREIB M. Must Landscapes Mean? Approaches to Significance in Recent Landscape Architecture[J]. Landscape Journal, 1995, 14(1): 47-62.
[31] Tsu F Y. Creating Spaciousness in Limited Area, Landscape Design in Chinese Gardens[M]. New York:McGraw Hill, 1988.
[32] U.S. Department of the Interior, Bureau of Land Management, Visual Resource Management Program[EB/OL].(1980). https://www.blm.gov/programs/recreation/recreation-programs/visual-resource-management.
[33] U.S. Dept. of Agriculture, Forest Service, Landscape Aesthetics: A Handbook for Scenery Managemen [EB/OL].(1995-12). https://archive.org/details/LandscapeAesthetics.
[34] USDA Forest Service, Landscape Aesthetic, A Handbook for Scenery

Management [J]. National Forest Landscape Management, Volume 2, Chapter 1,1995.12,p6.

[35] Visual and Sensory dcf[EB/OL].(2003). http://landmap.ccw.gov.uk/files/VISUALANDSENSORYdcf.pdf.

[36] ZUBE E H, PITT D G. Cross-Cultural Perceptions of Scenic and Heritage Landscapes[J]. Landscape Planning, 1981(8): 69-87.

[37] 柏林特.环境美学译丛[M].张敏,等译.长沙:湖南科学技术出版社,2006.

[38] 卡尔松.自然与景观[M].陈李波,译.长沙:湖南科学技术出版社,2006.

[39] 安徽省文化艺术研究所. 论黄山诸画派文集[M].上海:上海人民美术出版社,1987.

[40] 鲍桑葵.美学三讲[M].周煦良,译.上海:上海译文出版社,1983.

[41] 弘法大师.文镜秘府论校注[M].王利器,校注,北京:中国社会科学出版社,1983.

[42] 陈耀华, 刘强.中国自然文化遗产的价值体系及保护利用[J].地理研究,2012,6: 31.

[43] 陈良运.中国山水美学发轫考述[J].中国文化研究.2003(3):20-29.

[44] 陈传席.中国山水画史[M].南京:江苏美术出版社,1988.

[45] 陈望衡.美在境界[M].武汉:武汉大学出版社,2014.

[46] 朝许宁.黄山纪游 [EB/OL].中国基本古籍库清华大学数据库.

[47] 陈宝良.明代社会流动性初探[J].安徽史学,2005,2:18-24.

[48] 程之鹤. 黄山纪游诗[EB/OL].中国基本古籍库,清华大学数据库.

[49] 杜书瀛.马克思主义美学中的人.价值.美——论审美现象的价值本性[J].马克思主义美学研究,2008,01:1-29.

[50] 笪重光.画筌[M]. 关和璋,译解.薛永年,校订.北京:人民美术出版社,1987.

[51] 董其昌.画旨[M].毛建波,校注.杭州:西泠印社出本社,2008.

[52] 弗朗索瓦·朱立安,托德.风景的性灵[J].钟惠城,译.风景园林,2011,2:127-139.

[53] 方闻. 心印——中国山水画结构分析探讨[M].西安:陕西人民出版社,2004.

[54] 方一藻.黄山游记[EB/OL].中国基本古籍库.

[55] 冯继忠,刘滨谊. 理性化——风景资源普查方法研究[J]. 建筑学报,1991.5:38-43.

[56] 冯继忠.风景开拓议[J].建筑学报.1984(8):54-57+85.

[57] 冯友兰.中国哲学简史[M].天津:天津社会科学院出版社,2005.
[58] 冯友兰.新原人[M].北京:生活·读书·新知三联书店,2007.
[59] 丰子恺.上天都[M]//黄山风景区管理委员会.黄山志.合肥:黄山书社,2009.
[60] 高居翰,等.黄山之影:安徽画派的绘画与版画[M],伯克利:伯克利艺术馆,1981.(JAMES C. Shadow of Mt. Huang: Chinese painting and painting of Anhui school. Berkeley:University Art Museum,1981.)
[61] 高居翰.气势撼人:十七世纪中国绘画中的自然与风格[M].李佩桦,等译.北京:生活·读书·新知三联书店,2009.
[62] 葛路.中国古代绘画理论发展史[M].上海:上海人民美术出版社,1982.
[63] 葛路.中国画论史[M].北京:北京大学出版社,2009.
[64] 葛路.中国绘画美学范畴体系[M].北京:北京大学出版社,2009.
[65] 古风.意境探微(上下卷)[M].南昌:百花洲文艺出版社,2009.
[66] 顾恺之.画云台山记[M]//孟兆臣.画品.哈尔滨:北方文艺出版社,2000:13-18.
[67] 顾恺之.论画[M]// 孟兆臣.画品[M].哈尔滨:北方文艺出版社,2000.
[68] 顾恺之.魏晋胜流画赞[M]// 孟兆臣.画品[M].哈尔滨:北方文艺出版社,2000.
[69] 郭若虚.图画见闻志 [M].俞剑华,注释.南京:江苏美术出版社,2007.
[70] 郭熙,郭思.林泉高致[M].北京:中华书局,2010.
[71] 郭熙.林泉高致[M].济南:山东画报出版社,2010.
[72] 甘肃省古籍文献整理编译中心,中国华东文献丛书编辑委员会.华东史地文献[M].北京: 学苑出版社,2010.
[73] 韩拙.山水纯全集[M].北京:科学出版社,1998.
[74] 黄宾虹.黄宾虹文集·题跋编[M].上海:上海书画出版社,1999.
[75] 黄宾虹.黄山卧游:黄宾虹黄山写生册页[M].合肥:安徽美术出版社,1985.
[76] 黄凯峰.审美价值论[M].昆明:云南人民出版社,2005.
[77] 胡一民.黄山迎、送松古今考[J].中国园林,1990(2):16-18+9.
[78] 黄山风景区管理委员会.黄山志 2008[M].安徽:黄山书社,2009.
[79] 黄山市人民政府.清华大学城市规划设计研究院,黄山风景名胜区总体规划(2007—2050)[R],2007
[80] 黄山图经[M]//甘肃省古籍文献整理编译中心,中国华东文献丛书编辑委员会.华东史地文献.北京:学苑出版社,2010.

[81] 黄之望.黄山图经序[EB/OL].中国基本古籍库.
[82] 蒋志琴.《黄山图经》对雪庄绘画的影响[D].南京:南京师范大学,2005.
[83] 江振华.黄山游览必携[M].北京:商务印书馆,1934.
[84] 焦源.黄山图经序[EB/OL].中国基本古籍库.
[85] 皎然.诗式校注[M].李壮鹰,校注.北京:人民文学出版社,2003.
[86] 荊浩.笔法记[M].王伯敏,标点注译.邓以蛰,校阅.北京:人民美术出版社,1963.
[87] 季羡林.登黄山记[M]//黄山风景区管理委员会.黄山志.合肥:黄山书社,2009.
[88] 康德.判断力批判[M].宗白华,译.北京:商务印书馆,1985.
[89] 郎静山.摄影大师郎静山[M].北京:中国摄影出版社,2003.
[90] 李昌舒.意境的哲学基础——从王弼到慧能的美学考察[M].北京:社会科学文献出版社,2008.
[91] 李德顺.价值论[M].北京:中国人民大学出版社,1987.
[92] 李和平,肖竞.我国文化景观的类型及其构成要素分析[J].中国园林,2009,25(2):90-94.
[93] 李华东,单彦名,冯新刚.英国历史景观特征评估及应用[J].建筑学报,2012(6):40-43.
[94] 李驎.大涤子传[EB/OL].http://wuyuan.ucoz.com/theory/ddzz.htm.
[95] 李剑锋.价值:客体主体化后的功能和属性[M].西安:陕西师范大学出版社,1988.
[96] 李可染.可染论画[M].孙美兰,导读.上海:上海书画出版社,2005.
[97] 李莉华.华山风景名胜区植物景观认知方法与保护、规划设计研究[D].西安:西安建筑科技大学,2006.
[98] 李永翘.张大千年谱[M].成都:四川省社会科学院出版社,1987.
[99] 李泽厚.美的历程[M].北京:生活·读书·新知三联书店,2009.
[100] 李泽厚.美学三书[M].天津:天津社会科学出版社,2003.
[101] 铃木敬.中国绘画总合图录续编:辑 4[M].东京:东京大学出版社,1998.
[102] 刘滨谊.风景景观工程体系化[M].上海:同济大学出版社,1991.
[103] 刘滨谊.风景旷奥度——电子计算机航测辅助风景规划设计[D].上海:同济大学,1988.
[104] 刘大櫆.游黄山记[EB/OL].中国基本古籍库.

[105] 刘海粟.黄山纪游[M].北京:人民美术出版社,1979.
[106] 刘继潮.游观——中国古典绘画空间本体诠释[M].北京:生活·读书·新知三联书店,2011.
[107] 刘九洲.艺术意境概论[M].上海:华中师范大学出版社,1987.
[108] 刘勰.文心雕龙译著[M].周振甫,译著.北京:中华书局,2009.
[109] 陆机.文赋[M].郭晓芳,编.南昌:江西美术出版社, 2006.
[110] 刘夜烽,徐传礼.黄山古今游览诗选[M].合肥:安徽人民出版社,1983.
[111] 柳宗元.柳宗元集[M].北京:中华书局,2006.
[112] 郎静山.集锦作法[M].台北:英文时事出版社,1951.
[113] 梅清.黄山图册(故宫博物院供稿)[M].上海:上海人民美术出版社,1980.
[114] 梅清.梅清画集[M].天津:天津人民出版社,2008.
[115] 闵麟嗣.黄山志定本 [M]//甘肃省古籍文献整理编译中心,中国华东文献丛书编辑委员会.华东史地文献[M].北京:学苑出版社,2010.
[116] 倪志云,等.中国历代游记精华合编安徽卷[M].石家庄:河北教育出版社,1996.
[117] 潘旦.游黄山记[EB/OL].中国基本古籍库,清华大学数据库.
[118] 潘耒.黄山游记[EB/OL].中国基本古籍库,清华大学数据库.
[119] 潘之恒.黄海[M]// 四库全书存目丛书:史部 229-230,济南:齐鲁书社,1997.
[120] 潘之恒.天都峰绝顶记[EB/OL].中国基本古籍库,清华大学数据库.
[121] 潘之恒.天都社记[M]//闵麟嗣.黄山志定本:卷 3.四库全书存目丛书:史部第 235 册.济南:齐鲁书社,1997.
[122] 蒲震元.中国艺术意境论[M].北京:北京大学出版社,1994.
[123] 钱穆.中国历史研究法 [M].北京:生活·读书·新知三联书店,2001.
[124] 钱穆.庄老通辩[M].北京:生活·读书·新知三联书店,2002.
[125] 钱谦益.游黄山记[EB/OL].中国基本古籍库,清华大学数据库.
[126] 汪士鋐.黄山志续集序[M].合肥:安徽丛书编印处,1936.
[127] 邱才桢.黄山图:17 世纪下半叶山水画中的黄山形象与观念[M].北京:北京文化艺术出版社,2011.
[128] 阮仪三.世界及中国历史文化遗产保护的历程[J].同济大学学报:社会科学版,1998.
[129] 石涛.石涛书画全集:下卷[M].天津:天津天津人民美术出版社,1995.

[130] 石涛.石涛画语录[M].窦亚杰,编注.杭州:西泠印社出版社,2006.
[131] 沈括.梦溪笔谈[M]夏华,等编译.沈阳:万卷出版公司,2013.
[132] 释岛云.望黄山诸峰[EB/OL].中国基本古籍库,清华大学数据库.
[133] 释正志.黄山纪恨[EB/OL].中国基本古籍库,清华大学数据库.
[134] 释弘眉.黄山志[M]//甘肃省古籍文献整理编译中心,中国华东文献丛书编辑委员会.华东史地文献.北京:学苑出版社,2010.
[135] 司空图.诗品二十四则[M].北京:中华书局,1985.
[136] 斯托洛维奇.审美价值的本质[M].北京:中国社科出版社,1985.
[137] 汤宾尹.黄山游记[EB/OL].中国基本古籍库,清华大学数据库.
[138] 唐枢.黄山记略[EB/OL].中国基本古籍库,清华大学数据库.
[139] 唐志契.绘事微言[M].北京:人民美术出版社,2003.
[140] 腾守尧.审美心理描述[M].成都:四川人民出版社,1998.
[141] 汪洪度.黄山领要录[M].北京:中华书局,1985.
[142] 汪士闳.黄山志续集[M]//甘肃省古籍文献整理编译中心,中国华东文献丛书编辑委员会.华东史地文献[M].北京:学苑出版社,2010.
[143] 汪世精.渐江资料集[M].合肥:安徽人民出版社,1984.
[144] 汪芜生.黄山:汪芜生影集[M].北京:人民美术出版社,1983.
[145] 汪小琳.中国山水审美意识的滥觞与确立[J].文史博览,2008(12):21-22.
[146] 汪绎辰.大涤子题画诗跋[M].上海:上海人民美术出版社,1987.
[147] 王国维.人间词话[M].彭玉平,评注.北京:中华书局,2014.
[148] 王国璎.中国山水诗研究[M].北京:中华书局,2007.
[149] 吴冠中.且说黄山[M]//黄山风景区管理委员会.黄山志.合肥:黄山书社,2009.
[150] 王履.重为华山图序[M].//王履华山图画集[M].上海:上海博物馆藏.
[151] 王明.眼动分析用于景观视觉质量评价之初探[D].南京:南京大学,2011.
[152] 王微.叙画[M]//孟兆臣.画品.哈尔滨:北方文艺出版社,2000.
[153] 王维.山水诀山水论[M].王森然,标点注释.北京:人民美术出版社,1959.
[154] 吴伯与.游黄山记[EB/OL].中国基本古籍库,清华大学数据库.
[155] 王秉洛.国家自然文化遗产及其所处环境的分类价值[R]/.见张晓,郑玉歆.中国自然文化遗产资源管理[M].北京:社会科学文献出版社,2001.
[156] 吴承照.可持续管理——风景管理的科学之路[J].风景名胜,2011(7):78-81.

[157] 歙县文化馆.黄山图画资料[M].上海:上海人民出版社,1982.
[158] 肖笃宁,解伏菊,魏建兵.景观价值与景观保护评价[J].地理科学.2006(4):124-130.
[159] 谢赫.古画品录[M]//孟兆臣.画品.哈尔滨:北方文艺出版社,2000.
[160] 许楚.黄山游记[EB/OL].中国基本古籍库,清华大学数据库.
[161] 谢凝高.山水审美——人与自然交响曲[M].北京:北京大学出版社,1996.
[162] 谢凝高.山水审美层次初探[J].中国园林,1993(3):18-21+65.
[163] 谢凝高.中国泰山[M].济南:山东科学技术出版社,1992.
[164] 谢凝高. 徐霞客与风景科学[J]. 中国园林.1997,3.
[165] 徐霞客.徐霞客游记[M].崇贤书院,释译.北京:新世界出版社,2014.
[166] 白春平,刘旗英.徐霞客游记选译[M].北京:华夏出版社,2012.
[167] 许晓青,杨锐.美国世界自然及混合遗产地规划与管理介绍[J].中国园林,2013(9):30-35.
[168] 许晓青,赵智聪.以黄山为例论山水画中的"游观性"与风景欣赏[J].中国园林,2014(6):28-31.
[169] 许晓青,杨锐,庄优波.中国名山风景区审美价值识别框架研究[J].中国园林,2016(9):48-53.
[170] 许晓青, 周宏俊.明末清初黄山历史声景初探[J].中国园林,2018,11(34):25-31.
[171] 薛富兴.东方神韵:意境论[M].北京:人民文学出版社,2000.
[172] 雪庄绘.黄山图[M]//甘肃省古籍文献整理编译中心,中国华东文献丛书编辑委员会.华东史地文献[M].北京:学苑出版社,2010.
[173] 严国泰.风景名胜区遗产资源利用系统规划研究[J].中国园林,2009(4):9-13.
[174] 杨锐.风景释义[J].中国园林,2010(9):1-3.
[175] 杨锐.论"境"与"境其地"[J].中国园林,2014(6):5-11.
[176] 杨锐.中西自然观发展脉络初论——兼论我的自然观[J].世界建筑,2014(2):19-21.
[177] 杨辛,甘霖.美学原理[M].北京:北京大学出版社,2010.
[178] 杨辛.泰山的美学考察[J].北京大学学报(哲学社会科学版),1988(1):77-83.
[179] 杨辛.《泰山石刻大观》序[J].泰安教育学院学报岱宗学刊,2001(1):1-2.
[180] 姚最.续画品录[M].王伯敏,注.北京:人民美术出版社,1959.

[181] 叶朗.美在意象[M].北京:北京大学出版社,2010.
[182] 叶朗.中国美学史大纲[M].上海:上海人民出版社,1985.
[183] 于佳永.华山风景名胜区总体空间构架艺术特质初探[D].西安:西安建筑科技大学,2008.
[184] 俞剑华.中国画论类编·画学心法问答[M].北京:人民美术出版社,1957.
[185] 袁枚.游黄山记[EB/OL].中国基本古籍库,清华大学数据库.
[186] 袁中道.游黄山记[EB/OL].中国基本古籍库,清华大学数据库.
[187] 张大千.张大千黄山图册[M].北京:北京美术摄影出版社,2002.
[188] 张国强,贾建中.《中国风景名胜区规划规范》实施手册[M].北京:中国建筑工业出版社,2003.
[189] 张杰.中国空间文化溯源[M].北京:清华大学出版社,2012.
[190] 张彦远.历代名画记[M]//孟兆臣.画品[M].哈尔滨:北方文艺出版社,2000.
[191] 张兮.皎然《诗式》的诗歌美学思想[J].中国文学研究,1988(2):3-9+28.
[192] 郑振铎.中国古代版画丛刊(共四册)[M].上海:上海古籍出版社,1988.
[193] 中国古代书画鉴定组.中国古代书画目录索引第12册与第22册[M].北京:北京文物出版社,1988.
[194] 中华人民共和国建设部.风景名胜区规划规范(GB 50298—1999)[S].北京:中国建筑工业出版社,1999.
[195] 中华人民共和国建设部.中国风景名胜区分类标准(GJJ/T 121—2008)[S].北京:中国建筑工业出版社,2008.
[196] 周冠生.审美心理学[M].上海:上海人民出版社,2005.
[197] 周维权.中国名山风景区[M].北京:清华大学出版社,1996.
[198] 朱狄.美学问题[M].西安:陕西人民出版社,1982.
[199] 朱光潜.谈美[M].北京:金城出版社,2006.
[200] 朱鹭.黄华合评[EB/OL].中国基本古籍库.
[201] 朱志良.中国美学十五讲 [M].北京:北京大学出版社,2006.
[202] 祝枝山.祝枝山诗文集[M].王心湛,校.上海:广益书局,1936.
[203] 庄优波.我国世界自然遗产地保护管理规划实践概述[J].中国园林,2013(9):6-10.
[204] 宗白华.美学与意境[M].南京:江苏文艺出版社,2008.
[205] 宗白华.美学散步[M].上海:上海人民出版社,2005.
[206] 宗炳.画山水序[M]//孟兆臣.画品.哈尔滨:北方文艺出版社,2000.